# ベンチャー育成論入門

― 起業家マインドの醸成に向けて ―

日本政策投資銀行
**野田 健太郎** 編著

# 本書の概要

　本書はベンチャー育成に関して初めての方でも、比較的平易に全体像が把握できる基本書となっています。内容的には、ベンチャー育成に関する基本的な概念だけでなく、関連するテーマについても幅広く取り入れ、さらにシリコンバレーなどの海外の事情を紹介することで、日本のベンチャーの位置づけを明確にしています。

　本書の特徴としては、以下の点があげられます。
①本書の最も大きな目的は、ベンチャー企業設立のためのテクニックを習得することではなく、起業家マインドを醸成することです。こうした意識を持つことは、ベンチャーに関係する人だけでなく、企業の社員や自治体の職員であっても、スピードや新しい経営が求められる時代においては重要な要素になっています。
②基礎的な概念を押さえながらも、形式論ではなく「起業の実際的なところ」に十分に配慮した内容にしています。
③ハイテク型のベンチャー企業だけでなく、地域に根ざしたベンチャー企業など幅広い視点からベンチャー企業を捉えています。
④構成に関しては、テーマごとに図ないし簡単なコメントを配置し、その下に解説を施すという形に統一しています。全体像を把握するため、図表のみを流し読みすることもできる他、興味のある個別の箇所を取捨選択して読むことも可能です。

　主な内容としては、第1章でベンチャーに関する基本的な概念などを解説します。第2章では、最近、日本でベンチャー企業育成の切り札として期待されている産学連携について、背景や今後の課題について触れます。第3章では、

ベンチャー企業創出のメッカである米国シリコンバレーについて触れ、同時に80年代以降、米国各地で設立された産業クラスターについて解説します。そして日本にシリコンバレーを作るための課題を探ります。第4章では、資金を供給するサイドのベンチャーキャピタルについて、日米の違いや最近の役割の変化などについてみていくことにします。第5章では、日本が国をあげて進めている知的財産戦略について触れます。知的財産権は他に大きな資産を持たないベンチャー企業にとって、唯一のよりどころといえます。第6章〜第8章にかけては、起業に向けての具体的なポイントを順番に取り上げます。第6章では、ベンチャー企業設立のために第1歩となるビジネスプラン関して、意義や作成の方法について解説します。第7章では、マーケティングについて説明します。ベンチャー企業は製品をつくって終わりというわけではありません。売れる仕組み、儲かる仕組みまで作ってビジネスとしては完成します。その意味でベンチャー企業の経営にとってマーケティングは重要です。第8章では、ベンチャー企業の社長が、起業の際に最も困難であった点にあげる資金調達を取り上げます。ここではベンチャーキャピタルと銀行の視点の違いや、さまざまな資金調達手段のメリット・デメリットなどについても解説します。最後の9章では、地域のコミュニティに根ざした地域ベンチャー企業について触れることにします。特に、地方圏においては、こうした地域ベンチャー企業が雇用を生み出し、地域振興を図る上で大きな鍵を握っています。

　本書は基本的に大学生レベルでもベンチャー関連の知識を学習することができるように作成されていますので、理論的な面で解説が不充分であったり、厳密性に欠ける部分もありますが、上述の趣旨を御理解いただき、御容赦頂ければ幸いです。

　　平成16年3月　　　　　　　　　　　　　　　　　　　　　　野田　健太郎

ベンチャー育成論入門
―起業家マインドの醸成に向けて―

# 目　次

本書の概要 ………………………………………………………………… i

## 第1章　ベンチャー概論 …………………………………………… 1
1．低迷する日本の競争力　*2*
2．ベンチャー企業とは　*6*
3．ベンチャーの歴史　*13*
4．ベンチャー企業の発展段階と資金調達　*17*
5．日本のベンチャー企業支援体制　*20*

## 第2章　産学連携 ……………………………………………………… 25
1．産学連携の意味と狙い　*26*
2．わが国における産学連携の流れ　*34*
3．TLOの仕組み　*37*
4．大学発ベンチャーの創出に向けて　*45*

## 第3章　シリコンバレー ……………………………………………… 51
1．シリコンバレーの概要　*52*
2．シリコンバレー成功の要因　*62*
3．米国各地のクラスター形成の要因　*68*
4．米国のバイオクラスターとバイオ産業の動向　*72*
5．スタンフォード大学　*75*
6．シリコンバレーの現状と今後　*91*

## 第4章　ベンチャーキャピタル ……………………………………… 95
1．「投資」とはなにか　*96*
2．ベンチャーキャピタル（VC）とは　*100*
3．我が国のベンチャー投資の状況　*110*

## 第5章　知的財産権 …………………………………117
1．知的財産権とは　*118*
2．プロパテント政策　*119*
3．知的財産権の概要　*124*
4．特許の新潮流　*128*
5．日米欧の状況　*132*
6．なぜ特許を出願するのか　*136*

## 第6章　ビジネスプランの作成 ……………………*141*
1．はじめに　*142*
2．ビジネスプランとは？　*144*
3．ビジネスプランの必要性　*147*
4．ビジネスプランの構成　*151*
5．ビジネスプランの実現化　*155*

## 第7章　マーケティングと地域特性の把握 …………*159*
1．マーケティングとは？　*160*
2．マーケティングの基礎　*162*
3．地域の経済特性を理解する　*171*

## 第8章　ベンチャー企業の資金調達 ………………*173*
1．ビジネスと資金調達　*174*
2．資金の種類と調達方法　*175*
3．資本政策とは　*190*
4．ベンチャー企業への融資　*197*
5．起業の実際　*201*

## 第9章　地域ベンチャー企業と金融 …………………207
  1．地域における金融市場の実態　*208*
  2．米国の地域金融機関　*213*
  3．地域金融の新たな動き　*217*
  4．地域ベンチャーファンド　*227*

## あとがき ……………………………………………*233*

## 参考文献 ……………………………………………*234*

# 第1章　ベンチャー概論

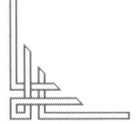 

1．低迷する日本の競争力

2．ベンチャー企業とは

3．ベンチャーの歴史

4．ベンチャー企業の発展段階と資金調達

5．日本のベンチャー企業支援体制

# 1. 低迷する日本の競争力

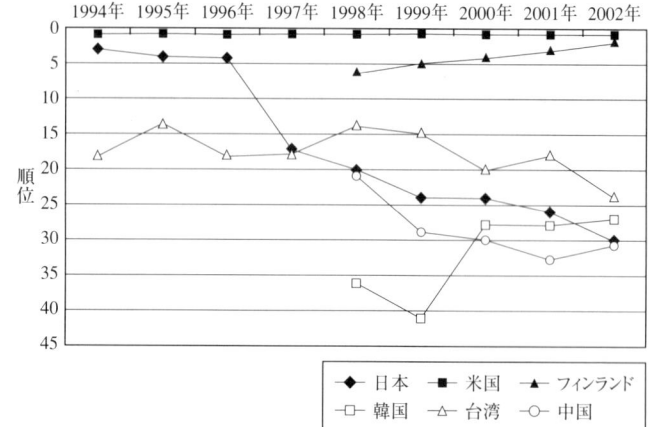

■日本の国際競争力ランキング　　主要49カ国中　総合30位

(注) 2003年より人口区分を設けたランキングに変更された。日本は2,000万人以上の人口を持つ国・地域の中で前年と同じ11位。

　スイスの国際経営開発研究所が毎年発表している国際競争力ランキングは、国の競争力を見る指標として最近、注目を浴びています。

　日本の国際競争力は、1990年代の始めまで世界1位でしたが、年々、低下の一途を辿り、2002年では30位にランクされています。その間、台湾、韓国に抜かれ、中国にも迫られています。部門別に見ると、研究開発費の支出や特許出願の分野では上位を占めています。ランキングが低いのは、起業家マインドや開業しやすさ、大学教育などで、こうした分野が全体の足を引っ張っています。近年、日本においてベンチャー企業育成、産学連携が叫ばれているのは、まさにこの点を改善しようという動きなのです。国際競争力ランキングの数字をすべて鵜呑みにする必要はありませんが、日本の現状に対して、1つの警鐘を鳴らしているのかもしれません。

> ## 1990年代以降の米国経済
>
> ■急速な技術革新が米国経済復活の主要因。情報技術、通信技術、医療技術等の革新が、飛躍的な生産性と生活の質の向上をもたらした。
> ■米国の大学は技術革新の中心的存在として大きな役割を果たしている。
> ■学生や教授によって生み出されたアイディアは新しい技術や産業へと形を変えていった。

　米国においては、利益の出ないビジネスモデルに多額の資金が流入するなど、一部にバブル的な要素はあったにせよ、ITを中心した技術革新がビジネス、流通などの多くの面でイノベーションを引き起こし、90年代以降の米国経済を牽引しました。その大きな原動力となったのが、シリコンバレーなどから生まれた多くのベンチャー企業群でした。特に、インターネット関連のヤフーやネットスケープ・コミュニケーションズなどに代表される大学の技術シーズを活用した企業によって、大きなイノベーションが引き起こされています。また、米国各地でシリコンバレーを筆頭として、多くのハイテク企業の集積地が形成されましたが、大学などの研究機関が地域の中核となって、多くのベンチャー企業を生み出すことによって、地域経済の推進役としての機能を果たしているのです。

## 開業率・廃業率の日米比較

### 米　国

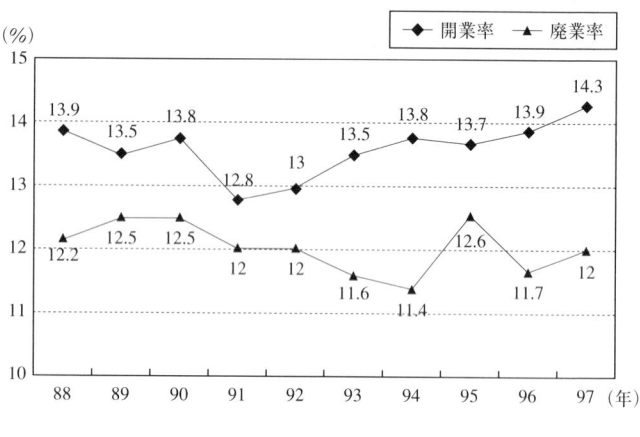

### 日　本

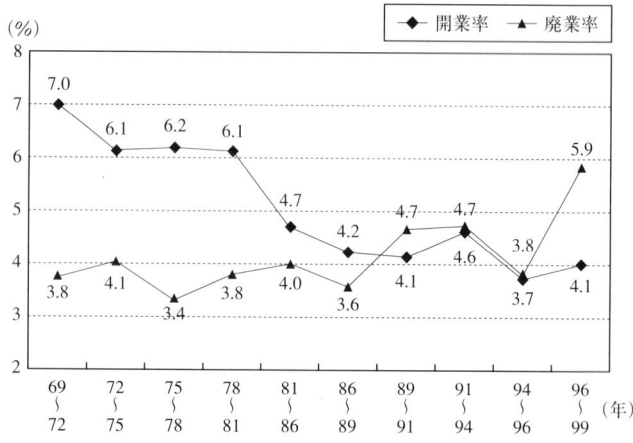

　米国においては、80年代以降、多少の上下はあるものの、一貫して開業率が廃業率を上回る状態が続いています。1970年代、大企業の勢いが失われる中、中小企業の役割を見なおし、各種の支援策を講じたり、ベンチャー企業の育成を積極的に進めた結果が開業率の維持に繋がっています。米国においては、

1990年から1995年までの間に創出された雇用の76%が、従業員500人未満の企業によって占められています（米国内国歳入庁「State of Small Business」）。また、全米自営業者連合会の調査では、1988年から1990年までの間に、従業員20人未満の企業がネットで約410万人の新規雇用を創出した一方で、従業員500人以上の大企業ではネットで50万人の雇用が失われたという結果が発表されています。

　日本の開業率は80年代の初めまで6％を超えていましたが、それ以降3〜4％台まで低下し、廃業率を下回っています。しかも、最近その差が拡大する傾向にあります。そのためベンチャー企業設立を中心に起業を活発化することが大きな課題となっています。

## 2. ベンチャー企業とは

■早稲田大学松田教授
「成長意欲の強い起業家に率いられたリスクを恐れない若い企業で、製品や商品の独創性、事業の独立性、社会性、さらには国際性を持った新規性のある企業」（日経文庫『ベンチャー企業』）

■シュンペーターの定義（『企業家とは何か』）
①新しい生産物または生産物の新しい品質の創出と実現
②新しい生産方法の導入
③工業の新しい組織の創出
④新しい販売市場の開拓
⑤新しい買い付け先の開拓

　ベンチャー企業に決まった定義はありません。1971年に出版された「ベンチャー・ビジネス　頭脳を売る小さな大企業（清成忠男、中村秀一郎、平尾光司）」の中で、ベンチャー企業とは「研究開発集約的、またはデザイン開発集約的な能力発揮型の創造的新規開拓企業」と定義されました。そのころのベンチャー企業と現在のベンチャー企業とでは、イメージや役割などが変化してきています。早稲田大学の松田教授は、ベンチャー企業を新産業創出や産業活性化の担い手と位置付けるため、「成長意欲の強い起業家に率いられたリスクを恐れない若い企業で、製品や商品の独創性、事業の独立性、社会性、さらには国際性をもった新規性のある企業」と幅広く解釈しています。ちなみに米国ではベンチャー企業とは言わず「スモールビジネス」あるいは「スタートアップ」と呼んでいます。

　歴史的な話を少ししておきましょう。経済学の分野で、起業家の役割を最初に積極的に認めたのは、20世紀初頭の経済学者ジョセフ・シュンペーターです。シ

ュンペーターはイノベーションの役割に着目し、起業による絶え間ない市場の変革、つまり新たな参入者の登場と既存の供給者の退場によって新たな富みが形成されるプロセスがあり、それを「創造的破壊」と呼んだのです。90年代以降、コンピュータ、インターネット関連の企業が大きなイノベーションを起こして米国経済を牽引しているため、シュンペーターのいう創造的破壊に対して再評価の動きが広がっています。今ほどシュンペーターが注目されている時代はありません。

---

### 「ベンチャー企業」と「中小企業」の比較（1）

| ベンチャー | 伝統的中小企業 |
|---|---|
| ①独立指向、自立的判断 | ①大企業の系列、親会社の意向尊重 |
| ②成長指向 | ②安定指向 |
| ③新たな事業の創出 | ③親会社からの事業受託、伝統的事業の継承 |
| ④創意工夫による商品・サービス開発 | ④改良技術、コストダウン |
| ⑤所有者・経営者の中でリスクと報酬を分担 | ⑤経営者＝所有者と企業の一体化 |

---

よく出る質問としてベンチャー企業と中小企業の違いというのがあります。以下ではその違いをみていきましょう。

ベンチャー企業は、独立指向、自立的判断、成長指向があり、新たな事業の創出、創意工夫による商品・サービス開発を中心にしています。一方、伝統的な中小企業は大企業の系列であり、親会社の意向を尊重し、安定志向です。事業も親会社からの事業受託が中心で、改良技術、コストダウンを目指します。ベンチャー企業は初期こそ経営と所有は一体ですが、外部の資本を積極的に受け入れていくことで所有者、経営者の中でリスクと報酬を分担しています。伝統的中小企業は経営と所有が一体化しています。ベンチャー企業は決められてスケジュールに沿って事業拡大を目指し、成長のスピードを早めるために、ベンチャーキャピタルの資金を積極的に利用します。

## 「ベンチャー企業」と「中小企業」の比較（2）

■改正中小企業基本法（平成11年12月公布）における「中小企業」の定義
　製造業：資本金3億円以下または従業員数300人以下
　小売業：資本金5千万円以下または従業員数50名以下
■中小企業創造活動促進法認定件数を見てみると…

(単位：社、%)

|  | 中創法認定件数 | 構成比 | 中小企業数 | 構成比 | 大企業 | 構成比 | 企業数合計 | 構成比 |
|---|---|---|---|---|---|---|---|---|
| 北海道 | 69 | 1.1 | 201,906 | 4.0 | 445 | 3.3 | 202,351 | 4.0 |
| 東　北 | 328 | 5.3 | 391,709 | 7.7 | 648 | 4.8 | 392,357 | 7.7 |
| 関東甲信越 | 2,991 | 48.8 | 1,925,103 | 37.8 | 6,939 | 51.6 | 1,932,042 | 37.9 |
| 中　部 | 504 | 8.2 | 579,427 | 11.4 | 1,246 | 9.3 | 580,673 | 11.4 |
| 近　畿 | 1,139 | 18.6 | 922,069 | 18.1 | 2,436 | 18.1 | 924,505 | 18.1 |
| 中　国 | 396 | 6.5 | 305,453 | 6.0 | 535 | 4.0 | 305,988 | 6.0 |
| 四　国 | 214 | 3.5 | 185,682 | 3.6 | 242 | 1.8 | 185,924 | 3.6 |
| 九　州 | 457 | 7.4 | 515,396 | 10.1 | 879 | 6.5 | 516,275 | 10.1 |
| 沖　縄 | 37 | 0.6 | 62,446 | 1.2 | 81 | 0.6 | 62,527 | 1.2 |
| 合　計 | 6,135 | 100.0 | 5,089,191 | 100.0 | 13,451 | 100.0 | 5,102,642 | 100.0 |
| 企業数合計に占める比率 |  | 0.1 |  | 99.7 |  | 0.3 |  | 100.0 |

注）1．中小創造法認定件数は、平成12年2月末現在。
　　2．企業数（会社数＋個人事業者数）は総務庁『事業所・企業統計調査』より。

・日経ベンチャービジネス年鑑2000における企業数を見てみると…2,592社
・旧科技庁「日本における技術系ベンチャー企業の経営実態と創業者に関する調査研究（2000年9月）」の対象企業数を見てみると…4,635社

　このように、ベンチャー企業と伝統的中小企業の違いは比較的明確ですが、以下のような独自の技術を磨いた中小企業はどうでしょうか。我が国の工業の中核を占める加工組立工業は、下請けを担当する多くの中小企業によって支え

られています。こうした中小企業は、親企業の指示によって動く単なる下請け企業である時期もありましたが、分業体制の確立によって、部品に関する技術改良は下請け企業の側に移り、中小企業は次第に技術レベルを上げていったのです。中小企業の中には、こうした変化についていけず廃業に追い込まれた企業もありますが、一部の企業では下請けを脱して独自の技術を他社へ売りこむことで、自社の技術を磨き発展する企業も現れました。最近、注目を集めている東大阪市の中小企業群が典型的な例と言えます。こうした中小企業とベンチャー企業の違いは相対的なもので、明確な区別は難しいのですが、あえて違いをあげるとすれば、スピードと利益追求の点といえます。

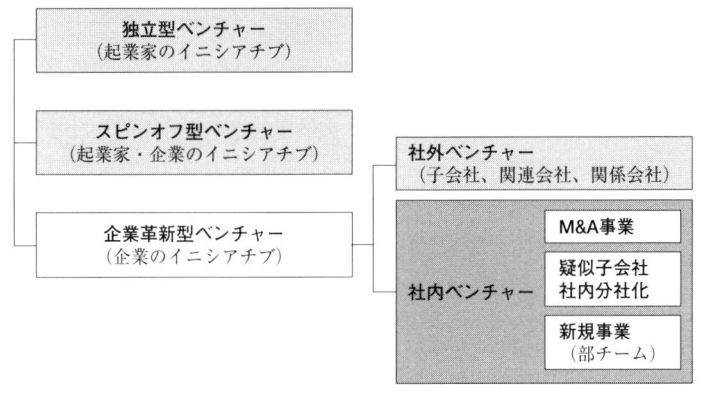

「ベンチャー企業」の体系

出所：早稲田大学アントレプレヌール研究会編『ベンチャー企業の経営と支援』
　　　日本経済新聞社

　ベンチャー企業というと起業家が一から会社を起こしていくパターンが思い浮かびますが、これ以外に企業から分離したスピンオフ型のベンチャー企業や、企業の中にある社内ベンチャーがあります。日本は大企業の力が依然として強く、有望な技術や人材が大企業の中に残っています。終身雇用が徐々に崩壊し、大企業はリストラでコア事業への集中を図るなかで、企業の中にあった技術を

基に独立してベンチャー企業を起こす、いわゆるスピンオフ型のベンチャー企業も増えています。スピンオフ型ベンチャーの場合、親元の企業との関係を利用して販路開拓を進めたり、場合によっては出資を仰ぐことが可能になる点が大きなメリットです。社長が東芝出身のザインエレクトロニクス（フラットパネル向けのシステムLSI開発）や新日鉄出身のアクセル（アミューズメント用グラフィックスLSIの開発）などの企業が成長し上場を果たしています。一方で、スピンオフ型のベンチャー企業は、親元企業に頼りすぎると親元からの各種要求を受け入れざるを得なくなり、ベンチャー企業としての適切な判断ができなくなるマイナス面を持っています。

社内ベンチャーは企業が子会社や関連会社を利用してベンチャー事業を行ったり、社内においてチームを作りベンチャー事業を運営しようというものです。社内ベンチャーは企業内の新たな事業の芽を育てるための有効な手段なのですが、事業が進まないうちは本体の関心は薄く、事業が進展してくると本体からの関与が強くなって、ベンチャーとしての機動性が失われることが多いのです。スピンオフ型のベンチャーであれ社内ベンチャーであれ、スピード、ニッチ市場の確保などベンチャー企業としての本来的な戦略を失うと成功しません。

### 日本のベンチャー企業

| | |
|---|---|
| 1940年代 | ソニー（46年）、パイオニア（47年）、ホンダ技研（48年）、オムロン（48年） |
| 1950年代 | カシオ計算機（57年）、京セラ（59年） |
| 1960年代 | セガ・エンタープライズ（60年）、CSK（68年） |
| 1970年代 | モスフードサービス（72年）、ぴあ（74年） |
| 1980年代 | ソフトバンク（81年）、スクウェア（86年） |
| 1990年代 | NOVA（90年）、楽天（97年）、アンジェス・MG（99年） |

戦後、日本はホンダ技研、ソニーなどの世界的企業を輩出しました。1社の成功物語は、多くの起業家に伝わり、起業の意欲を掻き立てました。このような好循環がしばらくは続いたのですが、ベンチャー企業が成長し、成熟した企業が多くなったため、企業の雇用吸収力も高まり安定した社会へ変わりまし

た。その結果、高度経済成長期以降は大成功したベンチャー企業の数は少ないのです。最近、やっとインターネット上でショッピング・モールを展開する楽天や大学発ベンチャー企業で最初の上場企業であるアンジェス・MGなどが注目を集めていますが、本当の評価はこれからと言えます。ベンチャー企業育成には、国や自治体も力を入れていますが、一朝一夕にできるものではありません。企業経営者や自営業者の家庭から起業家が輩出する可能性が高いのは、家庭におけるビジネスの会話を通じて、起業に対する意識が自然に醸成されるからです。ベンチャー企業育成は社会環境に左右される要素が非常に大きいのです。

### 米国のベンチャー企業

| 会社名 | 製品名 | 創立 | 創業者 |
| --- | --- | --- | --- |
| ヒューレット・パッカード | オーディオ発信器 | 1939 | ヒューレット／パッカード |
| インテル | マイクロプロセッサ | 1968 | ノイス／ムーア |
| マイクロソフト | OS | 1975 | ゲイツ／アレン |
| アップル | パソコン | 1976 | ジョブズ／ウオズニアック |
| オラクル | データベース | 1978 | エリソン |
| サン・マイクロシステムズ | ワークステーション | 1982 | ベクトルスハイム |
| ヤフー | ポータルサイト | 1995 | ヤン／ファイロ |

　米国においては、OSのマイクロソフト、データベースソフトのオラクル、ポータルサイトのヤフーなど、ここ20年程度の間に生まれたベンチャー企業が、世界を席捲するような大企業に成長しています。筆者があるシリコンバレーの弁護士と打合せをしていたとき、「5年前に設立された新興企業で…」と話したところ、その弁護士から、「5年前にできた企業は米国では、もはや新興企業とはいいません。米国の企業はドックイヤー（3カ月）で動いているので」といわれたのを記憶しています。

　米国の高成長企業は米国の中小企業専門誌「インク500社」から見ることができます。米国における高成長非公開企業のベスト500社を85年と95年で比較してみると、500社のうち95社は倒産か廃業、135社は経営権が他社に移ってい

る状況です。米国ではマイクロソフト、オラクルといった巨大企業が誕生する一方で、生まれた多くの企業が淘汰されています。

## 3. ベンチャーの歴史

### ベンチャーブーム

| ブーム | 概　要 | ベンチャーキャピタル | 代表企業 |
|---|---|---|---|
| 1970〜1972 | 列島改造ブームで不動産投資意欲が強く、脱サラでベンチャー企業を始める者も出現。 | ジャフコ<br>日本ベンチャーキャピタル<br>エヌイーディー | 大塚家具<br>モスフードサービス<br>ぴあ |
| 1982〜1985 | 米国のベンチャーブームを背景として、ハイテク分野などで、ベンチャー企業を育成する機運が強まる。 | 日本インベストメント・ファイナンス<br>日興キャピタル<br>地銀系キャピタル | ジャストシステム<br>ソフトバンク<br>スクウェア |
| 1994〜 | 低迷した経済状況を打開するため、産学官が幅広くベンチャー支援に取り組む。 | 山口キャピタル<br>阿波銀リース<br>幅広い業種からの設立 | NOVA<br>楽天<br>アンジェス・MG |

　日本では過去3回のベンチャーブームが起きています。1回目は70年代始めで高度成長期の最後にあたります。列島改造ブームで不動産投資意欲が強く、脱サラでベンチャー企業を始めるものが多く現れました。この時期の代表的な成功例は大塚家具（1969年）、モスフードサービス（1972年）、ぴあ（1974年）などです。1972年に民間で最初のベンチャーキャピタルである京都エンタープライズデベロップメントが京都財界を中心に設立されました。これを契機に住友グループによる日本ベンチャーキャピタルや日本合同ファイナンス（現ジャフコ）など、日本の主要なベンチャーキャピタルの大半が誕生しました。しかし1973年の石油ショックの到来により投資意欲が急速に冷え込み、1回目のベンチャーブームは終焉しました。

　2回目のベンチャーブームは1982年頃に始まりました。米国で起こったベンチャーブームを背景として、日本でもハイテク分野など新たなベンチャー企業を育成する機運が高まったのです。1983年には店頭登録市場の公開基準が緩和

されるなど金融面でも後押しが図られ、証券会社、地銀系のベンチャーキャピタルが数多く設立されたのです。この時期の代表的な成功例は、ジャストシステム（1980年）、ソフトバンク（1981年）、スクウェア（1986年）などです。2回目のベンチャーブームは、プラザ合意後の円高不況の到来により、有力なベンチャー企業の倒産があいついだことで終わりました。

　3回目のベンチャーブームは1994年頃から始まっています。過去2回のベンチャーブームとは異なり、低迷した経済状況のなかでそれを打開するため、産官学が幅広くベンチャー支援に取り組んでいるのが特徴です。今回のブームの背景には、長期化する景気の低迷と大企業を中心としたシステムに対する限界があります。米国シリコンバレーのベンチャー創造モデルを参考に、国、地方自治体、大学、研究機関が連携してベンチャー企業育成に取り組み始めたのです。

## 新規上場企業数の推移

(年)

| 市　場 | 90 | 91 | 92 | 93 | 94 | 95 | 96 | 97 | 98 | 99 | 2000 | 2001 | 2002 |
|---|---|---|---|---|---|---|---|---|---|---|---|---|---|
| 東証他 | 49 | 34 | 12 | 35 | 43 | 51 | 52 | 39 | 24 | 30 | 47 | 22 | 24 |
| マザーズ | — | — | — | — | — | — | — | — | — | 5 | 27 | 7 | 8 |
| ジャスダック | 86 | 95 | 15 | 55 | 107 | 137 | 115 | 105 | 62 | 72 | 97 | 97 | 68 |
| ヘラクレス | — | — | — | — | — | — | — | — | — | — | 33 | 43 | 24 |
| 合　計 | 135 | 129 | 27 | 90 | 150 | 188 | 167 | 144 | 86 | 107 | 204 | 169 | 124 |

注）野村リサーチ・アンドアドバイザリー「新規公開状況」に加筆

　東京証券取引所やジャスダックなどの市場に株式を上場した企業数の推移をみることにします。92年の株式上場数が極端に少ないのは、92年8月に株価が急落したため、新規上場を一時的にストップしたためです。その後は第三次ベンチャーブームもあって、新規上場数は安定的に推移してきましたが、98年には証券会社の倒産や銀行の不良債権処理問題などがあって100社の大台を割り込みました。99年頃からITブームによって多くのベンチャー企業が生まれ、2000年には上場数は200社を超えました。こうした新興企業のための新たな市

場として99年11月には東証マザーズが、2000年6月にはナスダック・ジャパン（2002年12月ナスダック社の日本撤退によってヘラクレスと名称変更）がそれぞれオープンしました。ITバブル崩壊後の株価低迷で、新規上場企業数は伸び悩んでいますが、2003年に入り、バイオベンチャーを中心に上場意欲が強まっています。

## ベンチャー投資の年間投資金額各国・地域別比較

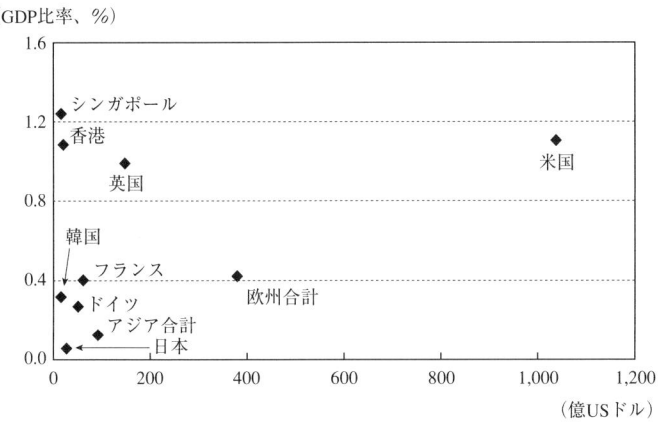

注）アジアは1999年、欧州・米国は2000年実績
出所：野村総合研究所資料により作成。

　第3次ベンチャーブームを迎えた日本ですが、ベンチャー投資の状況を主要各国と比較してみましょう。上図は各国のベンチャー投資の実績について、横軸は投資金額、縦軸は各国のGDPに対する比率で表しています。対GDPで見ると、米国が1.11％、欧州が0.41％、アジアが0.12％と米国が圧倒的に多くなっています。国別ではシンガポール、香港、英国も米国並の投資を行っていることがわかります。日本はベンチャー投資が以前に比べ活発になってきているものの、国際的に比較すると、対GDP比で米国の20分の1、欧州の10分の1、アジアの2分の1とまだ非常に低いレベルにあることがわかります。間接金融が盛

んであるドイツと比較しても4分の1程度にとどまっています。各国の資金調達手段には歴史や経済システムの違いがあるので単純な比較はできませんが、数字の上からは日本のベンチャー投資が、まだ経済規模には見合った水準までは達していないことがわかります。

## 4. ベンチャー企業の発展段階と資金調達

| 発展段階 | 創業<br>シーズ・スタートアップ | 事業化<br>アーリー | 成長初期<br>ミドル | 後期<br>レイター | 株式公開<br>IPO |
|---|---|---|---|---|---|
| 資金調達手段 | 自己資金 | | | | |
| | エンジェル | | | | |
| | 補助金・助成金 | | | | |
| | | ベンチャーキャピタル | | | |
| | 制度金融、信用保証 | | | | |
| | | | 銀　行 | | |
| | | リース | | | |

　ベンチャー企業といってもその発展段階は多種・多様です。一般的には、シーズ、スタートアップ段階と言われる時期は、事業計画の策定や技術、サービスの開発期間にあたります。この時期は売上げはありませんので損失（赤字）だけが出ます。次に、アーリーステージといわれる段階は、実際に商品を販売したり、サービスを提供するなど事業を開始した段階です。売上げが上がりますが、それ以上にコストが大きくなり、損失（赤字）も大きくなっていきます。ミドルステージは、事業が軌道に乗り、売上げが急速に増える段階です。赤字が縮小し、やがて黒字へと転換していく段階といえます。レイターステージは安定成長に入り、初期投資を回収したり、株式公開を視野に入れるようになります。

　必要とする資金もベンチャー企業の発展段階によってそれぞれ、異なっています。シーズ段階は自己資金や公的機関の研究開発等の補助金が中心となります。その段階ではベンチャーキャピタルなどは関与しません。スタートアップからアーリーステージの段階も自己資金や補助金などが中心です。近年、イン

キュベーションファンドと言う育成まで手がける資金が日本でも増加していますが、すべてのベンチャー企業が利用できるわけではありません。ミドルステージからレイターステージになって初めて、ベンチャーキャピタルの資金が登場してきます。ベンチャーキャピタルといえども、将来性のまったく不透明な企業には投資はしないのです。また、銀行は基本的にはベンチャー企業への融資には慎重ですが、ビジネスモデルがしっかりしていて収益の見通しがたっている企業に対しては、融資を行うケースもあります。

---

### ベンチャー企業の破綻原因

ビジネスコンセプト、経営資源（ヒト・モノ・カネ・時間・情報…）、経営（マネジメント）のどこかに問題が…

- 社長のワンマン、人材不足等に起因する経営（管理）体制不備
- 主要取引先との取引中止（大幅削減）、提携解消
- アイデアはよいが実際の製品や事業化に結びつかない。
- 開発の遅れなどによる商機の逸失
- 市場に関する甘い読み（情報不足）、販売力不足
- 技術、製品への固執
- 資金調達に関して金融機関などと話しがされていない、または不和に陥る。
- 金融環境の変化の影響を受ける。

---

ベンチャー企業が成長していく過程には、さまざまな障害が待ち受けています。ベンチャー企業はいたるところに埋まっている地雷を一歩、一歩慎重に避けて通って行かなければなりません。

さまざまな破綻原因のなかで多いのは、アイデア、技術はすばらしいけれど、製品にならない、あるいは事業化できない、というケースです。最近、注目を集めている大学発ベンチャーの中にも、技術はすばらしいけれど実用化はとても無理、と感じる企業が多いのです。

ベンチャー企業は社長の力量そのものという面もあるのですが、社長の独善

によって組織としての活動できなかったり、会社が成長していく段階で管理体制が整備できないでつまずくケースもあります。社長1人で目の届く範囲はせいぜい1クラス分（40人）なので、企業の規模がそれ以上になると、管理体制がなければ、会社として運営していくことは困難になります。

　ベンチャー企業にとって、もう1つ大きな問題は資金調達の問題です。設立して間もないベンチャー企業は、ほとんど1日単位で資金繰りを見ていかないとすぐに行き詰まってしまいます。資金調達の問題は、第8章で詳しくみることにします。

## 5．日本のベンチャー企業支援体制

### ベンチャー企業支援に向けての法制度の整備
1989年　新規事業法
1995年　中小創造法
1998年　投資有限責任組合法
1998年　新事業創出促進法

　日本でベンチャー企業への支援体制が最初に明確に打ち出されたのは、1989年の特定新規事業実施円滑化臨時措置法（新規事業法）でした。中小企業とは違うベンチャー企業の位置付けを明確にし、国の機関である産業基盤整備基金による債務保証や新規事業投資㈱による出資さらにはストックオプション制度の導入が図られました。

　その後、第3次ベンチャーブームの流れを受け、ベンチャー支援のための法律が順次、整備されました。1995年に制定された中小企業創造活動促進法（中小創造法）では、中小企業投資育成会社の投資制度や信用保証協会の債務保証制度の拡充がなされました。1998年には中小企業等投資事業有限責任組合（有限責任組合）が認められました。従来、投資事業組合は民法上の組合方式が利用されていましたが、有限責任組合は未公開・未上場の中小企業に投資先が限定されており、ベンチャー企業向けの投資に主眼を置いたものでした。中小企業総合事業団によって有限責任組合へ出資を行う制度（新事業開拓促進出資事業）が開始されたことも、有限責任組合を設立する動きを促進していると思われます。

　1998年に制定された新事業創出促進法は、ベンチャー企業の中でも特に、株式公開を目指している企業をターゲットにしたものでした。同法は大きく3つの内容から構成されており、1つは創業等の促進で、創業や開業によって新しくビジ

ネスを始める者に対して、助成金の支給や1,000万円を上限とした無担保・無保証の債務保証を行うこと。2つ目は国や特殊法人の研究開発予算に目標値を定めて、中小企業の技術開発に振り向けていくことです。3つ目はいわゆる、「地域プラットフォーム」と呼ばれるもので、都道府県において基本計画を策定し、地域産業資源活用のための支援体制を整えることを目的としています。

## 産業クラスター計画

| 経済産業局 | 社数 | プロジェクト |
| --- | --- | --- |
| 北海道 | 310 | 北海道スーパー・クラスター振興戦略 |
| 東北 | 120 | 高齢化社会対応産業振興プロジェクト<br>循環型社会対応産業振興プロジェクト |
| 関東 | 760 | バイオベンチャー育成<br>地域産業活性化プロジェクト<br>首都圏情報ベンチャーフォーラム |
| 中部 | 310 | 東海ものづくり創生プロジェクト<br>北陸ものづくり創生プロジェクト<br>デジタルビット産業創生プロジェクト |
| 近畿 | 580 | 近畿バイオ関連産業プロジェクト<br>ものづくり元気企業支援プロジェクト<br>情報系ベンチャー振興プロジェクト<br>近畿エネルギー・環境高度化推進プロジェクト |
| 中国 | 310 | 中国地方機械産業新生プロジェクト<br>循環型産業形成プロジェクト |
| 四国 | 70 | 四国テクノブリッジ構想 |
| 九州 | 370 | 九州地域環境・リサイクル産業交流プラザ<br>九州半導体関連産業支援プロジェクト |
| 沖縄 | 100 | OKINAWA型産業振興プロジェクト |

出所:経済産業省資料

　地域プラットフォームの次に出てきた国の政策がクラスター計画です。(クラスターとはぶどうの房という意味で、企業や大学などが集積することで相乗効果が起こり、その地域内の産業が活性化されます。第3章参照) クラスター計

画では、IT、バイオ、ナノテクといった次世代を担う有望産業の国際競争力を高めることや、そうした有望分野を中心に地域におけるベンチャー企業の創出を目指しています。クラスター計画の1つは、各地域の経済産業局が中心となって取り組んでいる「産業クラスター計画」です。産業クラスター計画は2001年に「今後の経済財政運営及び経済社会の構造改革（平沼プラン）」や政府産業構造改革・雇用対策本部などにおいて提唱され、地域の経済・産業・雇用対策の目玉となっています。この計画においては、公共事業や企業誘致に依存しない内発的でかつ世界的にも競争力のあるクラスターを日本の各地に形成することを目指しています。具体的には各地域の経済産業局が中心となって人的なネットワークを形成・強化することや、技術開発の推進、起業家の育成を支援しています。現在、全国で19箇所の産業クラスターが立ち上がっています。

## 知的クラスター創成事業

| 地域 | プロジェクト |
|---|---|
| 札幌 | 札幌ITカロッツェリア創生 |
| 仙台 | 仙台サイバーフォレスト構想 |
| 長野・上田 | 長野・上田地域知的クラスター創成構想 |
| 静岡・浜松 | 浜松地域オプトロニクスクラスター構想 |
| 富山・高岡 | とやま医薬バイオクラスター |
| 名古屋 | ナノテクを利用した環境にやさしいものづくり構想 |
| けいはんな | ヒューマン・エルキューブ産業創成のための研究プロジェクト |
| 京都 | 京都ナノテク事業創成クラスター |
| 関西広域 | 彩都バイオメディカルクラスター構想<br>再生医療等の先端医療クラスター形成 |
| 広島 | 広島中央バイオクラスター構想 |
| 高松 | 希少糖を核とした糖質バイオクラスター構想 |
| 徳島 | ヘルステクノロジーを核とした健康・医療クラスターの創成 |
| 九州広域 | システムLSI設計開発クラスター構想<br>北九州ヒューマンテクノクラスター構想 |

出所：文部科学省資料

もう1つのクラスター構想は文部科学省が進めている「知的クラスター創成事業」です。この事業は特定技術領域の研究テーマについて、大学や公的研究機関を核としてベンチャー企業などの集積を図ることによって、国際競争力のある技術革新システムの形成を目指しています。具体的には大学の共同研究センターなどを活用した共同研究の実施、科学技術コーディネーターやアドバイザーの活用、研究成果の特許化推進、大学発ベンチャー育成のためのインキュベーション施設整備などを実施しています。事業期間は5年間で、1地域に対し毎年5億円の予算が割り当てられます。2001年度、全国30地域で同事業の実現可能性調査が行われ、2002年度には12地域が選定されました。さらに2003年度にも6箇所が追加されています。

　知的クラスター創成事業と産業クラスター計画は相互に連携をとって、産学官によるイノベーションシステムを構築することになっています。さらに両計画では各地域の自主性を重視し、特徴のあるクラスターの形成を目指すもので、かつて、ハイテク地域の形成を目指したテクノポリス計画などとは、一線を隔する計画であると説明されています。一線を隔する実効的なものになるかどうかは、産学官連携や各種のベンチャー支援策の進展にかかっています。

---

### 日本におけるベンチャー企業育成の課題

1. 人材供給の悪循環
2. 資金供給の悪循環
3. サクセスストーリーの不足
4. 起業家マインドの醸成

---

　ベンチャー企業が日本でなかなか育たない理由は、多くの人が語るところです。大きな理由としては、まず日本においては大企業を中心とした終身雇用体制が依然として根強く、大企業を離れてベンチャー企業を設立しようという人

が少ないことです。大学生も大半の人はベンチャー企業には就職しようとは思いません。米国においてもITバブルの崩壊後はベンチャー企業への志望は若干減っているという話はありますが、スタンフォード大学の学生が卒業後、大企業に就職するのか、ベンチャー企業を自ら起こすのかで迷うのとは対照的なのです。

　日本は銀行を中心とした融資主体の金融であり、ベンチャーキャピタルのようないわゆる、リスクマネーの供給体制が米国ほどは充実していません。米国で見られるスタートアップ段階の企業にお金を投資する個人投資家（エンジェル）も十分ではありません。ベンチャー向けの資金がうまく循環していないことが、ベンチャー企業の育成には大きな障害となっています。

　これ以外の点ではサクセスストーリーの不足があります。高速インターネット検索技術のベンチャー企業グーグルを起こしたスタンフォード大学の学生は、ヤフーの成功を見て、大学に入ったときから起業を考えていたといわれています。米国では、こうした成功例が身近にあることが大きいのです。

　そして最も重要で、最も実行するのが難しいのが起業家マインドの醸成でしょう。その1つとして、米国には失敗を許容する文化があります。米国の場合、犯罪的な行為が無ければ、起業が失敗しても責められることはなく、ある程度までやればその過程は評価されます。日本の場合は、一回、失敗すると、敗者の烙印を押され、特に銀行などからは二度と相手にされないのです。こうした面は日本でも改めていく必要があります。

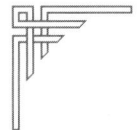
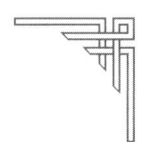

# 第2章　産学連携

1．産学連携の意味と狙い
2．わが国における産学連携の流れ
3．TLOの仕組み
4．大学発ベンチャーの創出に向けて

# 1．産学連携の意味と狙い

### 最近の日本経済と産学連携
■バブル崩壊後の日本経済の閉塞感
■大企業体制、日本的経営の行き詰まり
■1990年代以降、順調な回復を見せた米国経済の中での大学とベンチャー企業の役割に注目
■日本経済の新たな牽引役としてベンチャー企業への期待
■新たな技術シーズの源として大学の役割に期待

　日本経済は、バブル崩壊後の90年代以降、10年以上にわたって低迷を続けています。実質成長率は90年には5.6％でしたが、その後は0～3％程度で推移し、98年には遂にマイナスを記録しました。産業の動向をみても、製造業の海外移転などにより、日本経済は縮小均衡となっています。こうした要因のひとつとして、企業における日本的経営の行き詰まりを指摘する声も多いのです。80年代までの日本的経営は、いわゆる「年功序列」「終身雇用」に代表される雇用慣行を中心に、非常に上手く機能しており、発展の原動力になったとされています。しかし、現在では逆にその仕組みが低迷の要因とさえ言われています。

　一方、90年代の米国はどうかというと、経済が順調に回復を見せ、その要因として、ベンチャー企業、特に大学の技術を活用した大学発ベンチャーが大きな役割を果たしたと考えられています。このため、日本経済の低迷を打ち破るには、新たな牽引役としてベンチャー企業に期待が寄せられ、特に、大学の持っている技術（シーズ）を活かして、新たな産業を育成していくことが重要となっています。こうした流れを受けて、産業界と大学が協力していく産学連携が注目されているのです。

> ## 1980年代の米国と現在の日本の比較
>
> | 1980年代の米国 | 現在の日本 |
> |---|---|
> | 経済環境<br>　大企業で厳しいリストラ・レイオフ<br>　ハイテク分野で日本に敗北<br>産業界<br>　中央研究所などから研究のアウトソーシング<br>大学<br>　大学の社会貢献意識大<br>　私大中心。組織的マネジメントあり。<br>　連邦政府への依存<br>国民<br>　大企業への失望<br>　異なること＝良いこと<br>政府<br>　ヤングレポート、バイドール法など | 経済環境<br>　不況＝大企業への信頼の揺らぎ<br>　IT、バイオ分野で米国に遅れ<br>産業界<br>　自社開発中心<br>　大学には人材提供を期待<br>大学<br>　大学の自治＝社会との分断<br>　理科系は国立大中心<br>　研究者は個人の集団<br>国民<br>　大企業への期待・親近感<br>　同質的＝良いこと<br>政府<br>　科学技術基本法、<br>　大学等技術移転促進法など |

　80年代の米国は経済環境が悪く、現在の日本と同様の問題を抱えている点もありました。ここでは参考までに、80年代の米国と現在の日本を比較してみましょう。

　まず、経済環境ですが、80年代の米国は、鉄鋼・自動車などの産業分野で、日本などとの厳しい競争に敗れ、大企業はレイオフなど雇用調整を行うことで再建を図っていました。現在の日本経済も、IT、バイオといった今後、高い成長が期待される分野において、米国に遅れを取っています。また、大企業ではリストラなど雇用調整が行われ、大企業に対する信頼が揺らいでいます。

　産業界についてみていくと、研究開発分野においては、米国企業の多くは基礎研究から応用、商品化に至るまで、企業の中にある中央研究所を中心に行っていました。その後、実用化まで時間がかかる分野は、大学の技術を活用したり、ベンチャー企業から技術を買い取るという姿勢に変化しました。日本では、米国に比べれば、まだ自社開発が中心となっており、大学に対する期待の大半は、人材の提供（新卒の採用など）です。

では、大学はどうでしょうか。米国では、大学は社会的貢献に対する意識が高く、大学自体が明確な存在目的を持ち、それに基づいて組織的なマネジメントを行っています。これに対し、日本の大学は今まで、国立大学が法人格を持っていなかったこともあり、組織の目標があまり明確でなく、マネジメントも十分ではありません。

---

**産学連携における産業界の動向**

グローバリゼーションにより、国際的な規模での競争の激化
⇒「選択と集中」を基本とし、変化に迅速に対応できる企業経営が有効

（過去）基礎研究→応用開発→製品開発→商品化まで自社内で完結
　　　　↓
（近年）開発重視への転換
　　　大学を独創的技術シーズ創出のためのパートナーとして、研究開発・
　　　人材育成の外部委託先として意識

---

それでは産業界の動向についてみていきましょう。産業界が置かれている経営環境は、日本国内の企業間競争に加えて、国際的規模での競争が激化しています。企業の経営方針は、かつては多角化や量的な拡大が良好な経営に結び付いていましたが、現在では、「選択と集中」、企業として自社の強い部分を伸ばし、弱い部分は捨てる、他社に任せることで、変化に迅速に対応できる経営を基本とする方向に変化しています。

研究開発の面でも、かつては基礎研究から応用、開発、商品化まで全て自社内で行う体制を取る企業が多かったのですが、現在では、開発重視の体制に変化しつつあります。とりわけ基礎研究は、その性質上、計画的に成果をあげることが困難です。近年、多くの企業が、より確実性が高い製品開発、商品化の

分野に主眼を置く方向に変化しています。それでは、基礎研究の分野を誰が担うのかといえば、大学などに、ある部分は担当してもらうという考え方になっています。企業は大学を、独創的な技術シーズ創出のためのパートナーとして、また同時に研究開発・人材育成の外部委託先として意識するようになっているのです。

---

### 産学連携における大学側の動向

■教育面
・大学教育の大衆化・多様化
・産業界のニーズにも配慮しつつ、個性的で実践的な人材輩出が求められる。
・企業経営の変化、産業技術高度化に伴い、社会人再教育など生涯学習に対するニーズが増大。
■研究面
　社会的問題の解決や社会での応用を主眼とする研究様式の広がり
■地域貢献
　独立行政法人化を控え地域への貢献が重要な課題

---

　大学は、社会全体の「知」の源泉としての重要な役割を担っていますが、さらに、国家レベル、地方レベルにおいて、産学連携により、産業を興していくことに期待が寄せられています。

　大学が果している役割は大きく分けて3点ありますが、それぞれに変化してきています。まずは、教育面です。戦後間もない頃は大学への進学率が低かったのですが、近年では大学教育も大衆化してきており、産業界のニーズもあり、個性的で実践的な人材輩出が求めれています。また、企業経営の変化、産業技術の高度化に伴い、すでに社会に出て企業などで活躍している人材の再教育など生涯学習のニーズも増えています。

研究面では、教官自らの興味関心に加えて、社会問題の解決や社会での応用を視野に入れた研究が求められています。

地域貢献という面では、国立大学の独立行政法人化を控え、大学の存在意義が問われており、地域への貢献をいかにアピールするかが重要な課題となっています。

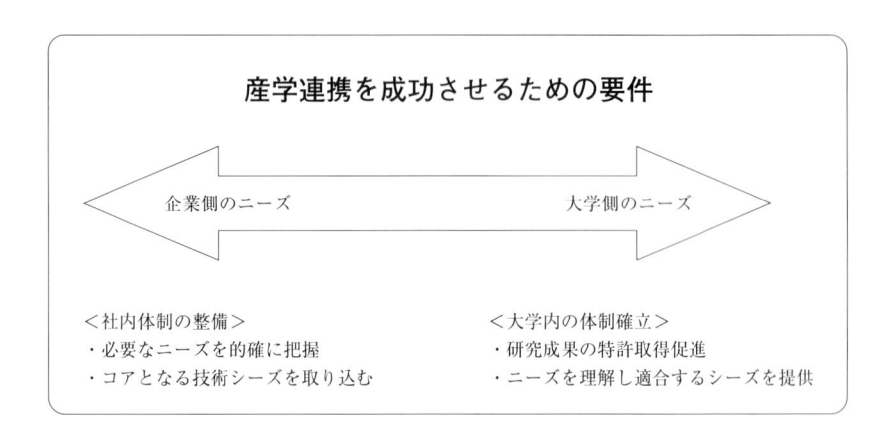

**産学連携を成功させるための要件**

← 企業側のニーズ　　　　大学側のニーズ →

<社内体制の整備>
・必要なニーズを的確に把握
・コアとなる技術シーズを取り込む

<大学内の体制確立>
・研究成果の特許取得促進
・ニーズを理解し適合するシーズを提供

　産学連携の狙いは、産業界では、新しい技術を生かした産業の創出です。大学にとっては社会のニーズを取り入れ、大学の教育・研究をより実践的なものへと活性化させていく手段と考えることができます。また、官、すなわち地方自治体は、地方の高齢化、人口減少、工場の海外移転による空洞化などの問題を解決するために、産学連携によりベンチャー企業などを起こして新産業を創出し、地域の活性化につなげたいと考えています。しかし、企業側がほしいものと大学側が持っている技術とは、必ずしも一致しないことが多いです。それでは、産学連携を成功させるにはどのような点が重要なのでしょうか。

　企業は、自社の行っている研究・開発の過程で、どのような問題が生じていて、問題を解決するには、どのような技術が必要なのかを明確にすることが必要です。すなわち、必要なニーズを的確に把握し、コアとなる技術シーズを取り込んでいくことが求められます。

　大学も、企業のニーズを理解し、適合するシーズを提供することが重要です。

これに加えて、今までは研究成果を公にする方法は論文発表が主でしたが、これからは特許取得などによって、ビジネスとして成り立たせるための形をつくることが必要です。

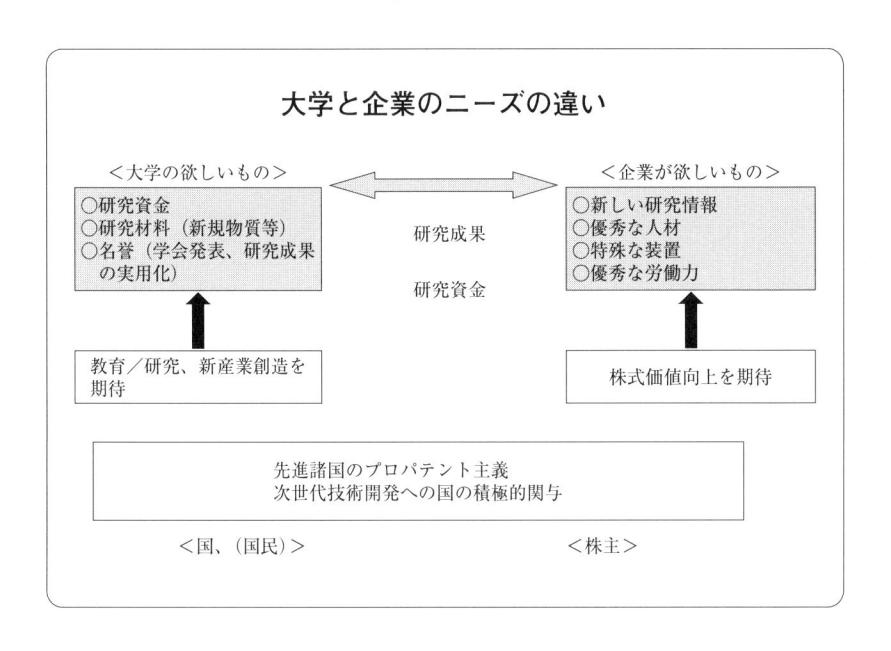

### 大学と企業のニーズの違い

<大学の欲しいもの>
- ○研究資金
- ○研究材料（新規物質等）
- ○名誉（学会発表、研究成果の実用化）

研究成果
研究資金

<企業が欲しいもの>
- ○新しい研究情報
- ○優秀な人材
- ○特殊な装置
- ○優秀な労働力

教育／研究、新産業創造を期待

株式価値向上を期待

先進諸国のプロパテント主義
次世代技術開発への国の積極的関与

<国、(国民)>　　　　　　　　<株主>

　大学と企業の思惑の違いをもう少しみていきましょう。

　大学の教官は、研究の成果が社会の役に立てば良いと考えていても、自分の研究でビジネスを始めようという人はあまり多くありません（大学で働いているのは基本的には研究をやりたいからです）。しかし、そうはいっても、新しい研究装置や研究材料を購入するためには資金が必要です。さらに大学には、国立大学はもちろん、私立大学にも公費が投入されており、教育や研究だけでなく新産業創出の役割も期待されています。一方、企業は株主から投資を受け、株式価値の向上を期待されており、大学の持っている新しい技術や情報を得たり、特殊な装置を使用することを望んでいます。研究資金を出すことで、大学から研究成果を受け取るというgive＆takeの関係をつくり、こうした関係をもとにビジネスを発展させたいと思っています。

研究開発プロセスについては、基礎→応用→開発→生産→販売という段階を経てイノベーションが生じるというリニアモデルから、最近では改良・修正のサイクルを繰り返すスパイラルモデルが有力となってきています。すなわち、基礎研究さえ充実すればイノベーションが生まれるのではないことが認識されました。そのため基礎研究は大学に任せ、応用・開発に注力する企業が増えました。結果として、企業は大学との連携を一層、密接にすることが必要となったのです。

---

### 多様な産学連携の方法

・民間等との共同研究、受託研究
　　（正式な共同研究、奨学寄付金による擬似共同研究等）
・企業からの研究生受け入れ
・教官による企業コンサルティング
・研究開発コンソーシアム
・特許等のライセンス
・奨学寄付による関連研究の推進
・研究成果の発表
・所属学生の就職

「あうんの呼吸・おつきあい型」の産学連携から
　　➡「契約やルールに基づく組織的な産学連携」への転換

---

産学連携にはさまざまなやり方があります。最も一般的なのは、企業が大学の研究者と一緒に研究を行う共同研究です。また、企業が人ではなく資金を出す形での受託研究もひとつの方法です。他にも、企業からの研究生受け入れ、教官による企業コンサルティング、複数の大学・企業が参加した共同研究であ

る研究開発コンソーシアムなども産学連携の方法といえるでしょう。また、大学の研究者の特許を企業などにライセンスする形や、特定の使い道を定めない奨学寄付による関連研究の推進などもあります。

　産学連携が、従来はなかったのかというとそうではありません。60年代、70年代までは、企業の開発担当者が、自社の研究に必要な技術を研究している教官を学会発表などで見つけ、そこから話をもっていくような形で産学連携は行われていました。また、実際の発明に関しても、特許を受ける権利は、企業に譲渡されることが多く、発明を行った教官には、発明者としての名誉が残るだけで、報酬も奨学寄付金のような形で企業から教官に渡されることが多かったようです。こうした産学連携は、あうんの呼吸、おつきあい型の産学連携と言えるでしょう。しかし、こうした産学連携では、経過が不透明であるため、本来、最も大きな成果が期待できるはずの企業に、研究の成果が行き渡らない可能性がありました。80年代頃から、より透明性を持った契約やルールに基づいた組織的な産学連携に変わってきています。

# 2. わが国における産学連携の流れ

### 産学連携の歴史
■明治初期　帝国大学の中に工学部を設置
　──→ヨーロッパの大学と根本的に異なる。
■1960年代　大学紛争の中で「産学連携」に否定的な風潮
■1980年代〜　大学との共同研究重視へ
　1983年　文部省が国立大学における企業との共同研究の制度発足
　1987年　国立大学に共同研究促進のためのセンターを順次設置
　　　　　（2002年度で62カ所）
　1995年　科学技術基本法
　1998年　大学等技術移転促進法

わが国の産学連携の歴史を簡単に見ていきましょう。

明治初期に帝国大学のなかに工学部が設置されました。大学を真理の探求の場と捉えていたヨーロッパの大学とは根本的に異なり、日本の大学においては産学連携を前向きに進める姿勢を明確にしました。

しかし戦後は、60年代に大学紛争が起こり、学問が企業の利益と結び付くのはよくないという風潮が広がり、産学連携は否定的に捉えられていました。

我が国で本格的に産学連携が始まったのは、80年代と言えます。83年には、当時の文部省が正式に企業との共同研究を認め、87年にはさらに協力体制を推進するために、国立大学に順次、企業との共同研究・受託研究などを行う共同研究センターの設置を進めました。現在、理工系学部を抱えるほとんどの大学には、共同研究センターが設置されています。95年には科学技術基本法、98年には技術移転機関（TLO）設立を促進する大学等技術移転促進法が施行されました。

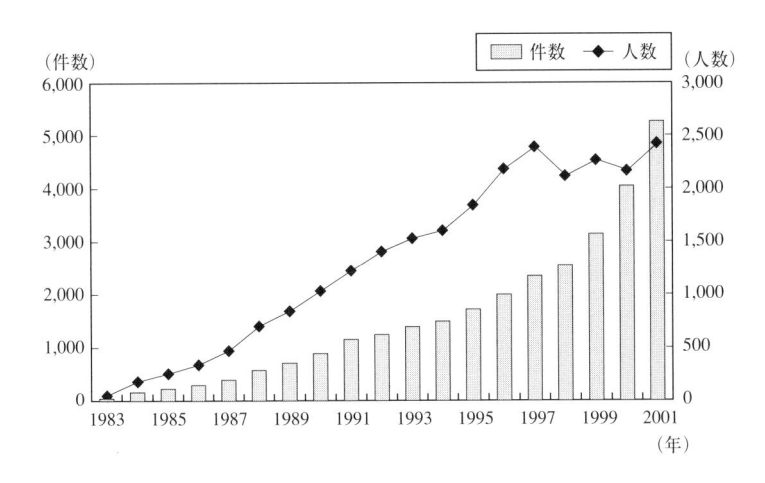

## 国立大学等の民間等との共同研究実績

　いくつかのデータから、現状の日本の産学連携について、その特徴をみていきましょう。上図は文部科学省による「国立大学等の民間等との共同研究実績」です。83年度は件数56件、人数66人であったのが、2001年度では件数が5,264件、人数2,435人と大幅に増加しています。

　次ページは、文部科学省による「企業等との共同研究の分野別実施状況」(2001年度)ですが、割合が高いのは、ライフサイエンス、製造技術、情報通信、ナノテクノロジー・材料となっています。過去に比べ、ライフサイエンスや情報通信の分野が高くなっています。大学別共同研究件数実績では、上位10校に大学の規模(予算・研究者数)の面で有利な旧帝国大学が多く入っています。旧帝国大学以外では、東京工大、東京農工大、山口大がトップ10の常連になっています。

## 企業等との共同研究の分野別実施状況

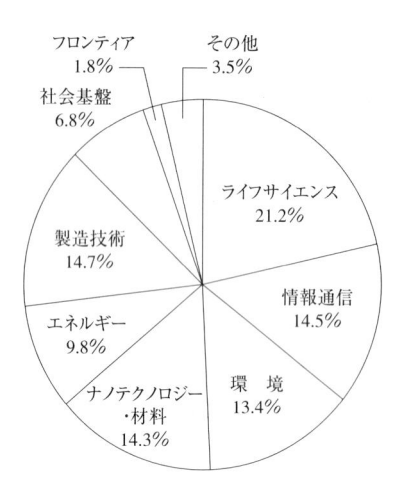

- フロンティア 1.8%
- その他 3.5%
- 社会基盤 6.8%
- ライフサイエンス 21.2%
- 製造技術 14.7%
- 情報通信 14.5%
- エネルギー 9.8%
- 環境 13.4%
- ナノテクノロジー・材料 14.3%

## 大学別共同研究件数実績

| 順位 | 1999年度 大学名 | 件数 | 2000年度 大学名 | 件数 | 2001年度 大学名 | 件数 |
|---|---|---|---|---|---|---|
| 1 | 東京大学 | 155 | 東京大学 | 228 | 東京大学 | 302 |
| 2 | 名古屋大学 | 126 | 大阪大学 | 162 | 大阪大学 | 204 |
| 3 | 大阪大学 | 124 | 名古屋大学 | 159 | 東北大学 | 187 |
| 4 | 東北大学 | 123 | 東北大学 | 140 | 名古屋大学 | 169 |
| 5 | 北海道大学 | 96 | 京都大学 | 137 | 京都大学 | 167 |
| 6 | 京都大学 | 69 | 北海道大学 | 117 | 東京工業大学 | 149 |
| 7 | 九州大学 | 90 | 東京工業大学 | 115 | 九州大学 | 132 |
| 8 | 東京農工大学 | 87 | 山口大学 | 105 | 北海道大学 | 126 |
| 9 | 東京工業大学 | 81 | 東京農工大学 | 101 | 東京農工大学 | 126 |
| 10 | 山口大学 | 77 | 九州大学 | 101 | 山口大学 | 122 |

## 3．TLOの仕組み

TLO（Technology Licensing Organization）の創設
■大学等技術移転促進法（1998年施行）により
　TLOの制度創設（米国のバイドール法は1980年）
■産業技術力強化法（2000年施行）による環境整備
　　　　　　　　↓
　国立大学教官の兼業規制緩和など

　TLOは、Technology Licensing Organizationの略称であり、技術移転機関と呼ばれています。TLOの制度創設は、大学等技術移転促進法によってなされ、産業技術力強化法によって機能が強化されています。

　大学等技術移転促進法（1998年）に基づき、文部科学省及び経済産業省から承認を受けたTLO事業を「承認TLO」（大学等の教官個人、公立、私立大学の特許が対象）、申請者が属する省（例えば、産業技術総合研究所であれば経済産業省）に認定を受けたTLO事業を「認定TLO」といいます（独立行政法人を含む国有の特許が対象）。

　承認・認定TLOになると、大学の施設を活用できるほか、産業基盤整備基金による助成金や債務保証が受けられます。特許申請料・審査請求手数料が減額されるなどの支援措置もあります。承認TLOは全国で31機関、認定TLOは3機関となっています（2003年3月末現在）。

　産業技術力強化法（2000年）では、国公立大学の教官等が民間への技術移転などのために、民間企業の役員に就任する場合の役員兼業規制を緩和しています。さらに、TLOによる国立大学の敷地利用を認めることで、民間企業への技術移転を円滑にすることを意図しています。

---

## 職務発明について

■特許の要件

　産業上利用することができる発明をした者は、(中略) その発明について特許を受けることができる。(特許法第29条)

■定　義

　この法律で「発明」とは、自然法則を利用した技術的思想の創作のうち高度のものをいう。(同第2条)

■存続期間

　特許権の存続期間は、特許出願の日から20年をもつて終了する。(同第67条)

■職務発明

　従業者等は、契約、勤務規則その他の定により、職務発明について使用者等に特許を受ける権利若しくは特許権を承継させ、又は使用者等のため専用実施権を設定したときは、相当の対価の支払を受ける権利を有する。(同35条)

---

ここでは職務発明について説明します。

例えば町の発明家のように自分で装置を買い、自分で研究を行った結果、生み出された発明はその人個人に属することは明らかです。しかし、現在は企業の中で研究開発を行うのが一般的です。研究を行うための施設は企業が用意し、研究をしている人は給料をもらって研究を行います。こういう人が企業の中で職務として発明をした場合、その発明の権利は企業に属するのか、個人に属するのかが問題になります。

特許法は35条によって、「従業者等は、契約、勤務規則その他の定により、職務発明について使用者等に特許を受ける権利若しくは特許権を承継させ、又は使用者等のため専用実施権を設定したときは、相当の対価の支払を受ける権利

を有する」としています。相当の対価を支払えば、企業が所有してもよいことになります。

　大学の研究者による発明も、職務発明といえるでしょう。しかし、これまでは、国立大学の教官による発明は、国立大学に法人格がないこともあり、教官個人、もしくは共同研究を行った企業に属することが多かったようです。

---

### 国立大学教官の発明に関する権利の帰属

- 国立大学教官の発明は、その権利の帰属を大学内の発明委員会で審議し学長が決める。
- 応用開発目的の研究であって、国が特別の経費を措置した場合は、国に発明に関する権利が帰属し、それ以外は原則として教官個人に特許を受ける権利が帰属する。
- 国に帰属する場合は、科学技術振興機構（JST）が権利を取得し補償金を払う。個人に帰属する場合は、個人で権利を行使する、または他者に権利を譲渡できる。
- 従来は、共同研究などで密接な関係にある企業に譲渡されるケースが多かった。
- 最近はTLOが権利の譲渡を受け、企業に実施許諾等を行い収入を得るケースが増えている。
- 今後、国立大学の独立法人化に向け、権利の「大学帰属」が原則となる。

---

　国立大学の教官による発明は、教官個人、もしくは個人が属している大学のものとなります。どちらに属するかは、大学の中にある発明委員会で審議し、最終的に学長が判断します。現在のところ、国立大学が法人格を持っていないため、国立大学の教官の発明に関する特許は、大半が教官の個人に所属する形になっています。教官はこうした特許を実用化するインセンティブに乏しいことから、そのまま放置されているケースがほとんどでした。米国の大学では特

許を大学所属とすることで、特許の活用が促進されました。この点を踏まえ、日本でも2004年4月の国立大学の独立行政法人化後は、特許の帰属を原則的に大学にするということで話が進んでいます。

　国立大学も独立行政法人化を控え、自立的な経営を求められていることから、学内特許の活用を検討しており、大学帰属はこうした流れとも合致しています。しかしながら、大学帰属にして、本当に特許の有効活用が進むかには疑問が残ります。確かに、一部の国立大学のように知的財産本部などを整備し、人的にも予算的にも相応の体制をとっている場合は、大学帰属はプラスになると思われます。しかしながら、特許の活用については米国の大学でもそうであるように、本当に有効活用ができているのは、一部の大学にとどまっています。その点を考えると、日本でも大学によっては、特許が大学帰属になっても、かえって持て余す可能性があるのです。

## 主な承認ＴＬＯの特許移転状況

| TLO名 | 承認時期 | 国内特許出願件数 | 外国特許出願件数 | 実施許諾件数 | うちロイヤリティ収入のあった件数 |
|---|---|---|---|---|---|
| ㈱先端科学技術インキュベーションセンター | 98/12 | 405 | 197 | 111 | 101 |
| ㈱東北テクノアーチ | 98/12 | 127 | 83 | 94 | 83 |
| 慶応義塾大学知的資産センター | 99/08 | 316 | 50 | 57 | 41 |
| 関西ティー・エル・オー㈱ | 99/12 | 285 | 31 | 55 | 46 |
| （財）理工学振興会 | 99/08 | 310 | 19 | 52 | 43 |
| 日本大学国際産業技術・ビジネス育成センター | 98/12 | 394 | 76 | 48 | 22 |
| 早稲田大学知的資産センター | 99/04 | 202 | 26 | 38 | 15 |
| （財）新産業創造研究機構 | 00/04 | 96 | 11 | 31 | 21 |
| タマティーエルオー㈱ | 00/12 | 101 | 7 | 31 | 5 |
| ㈲山口ティー・エル・オー | 99/12 | 113 | 7 | 29 | 16 |
| （財）名古屋産業科学研究所 | 00/04 | 134 | 23 | 29 | 13 |

注）2003／3末までの累計で、実施許諾件数の多い順に記載
出所：経済産業省ホームページ資料により作成

1998年12月に㈱先端科学技術インキュベーションセンターなど4箇所のTLOが承認されて以来、承認TLOの数は順調に増加しており、2003年3月末で31の承認TLOが設立されています。

　設立形態は株式会社方式、財団方式、学内組織に大別できます。国立大学の多くは、株式会社形態をとっています。これは国立大学が独立行政法人化までは法人格を持てないため、便宜的に株式会社の形態をとったためです。㈱先端科学技術インキュベーションセンターや慶応義塾大学知的資産センターのように1大学1TLOのケースと、関西TLOや（財）名古屋産業科学研究所のように複数の大学が共同で設立したケースがあります。TLOの特許移転状況を見てわかるとおり、特許の実施許諾件数には大きな差がついています。技術シーズが多い大学は、技術移転に関する体制をさらに強化しているので、この差はますます大きくなるでしょう。元々、複数の大学で設立したTLOは、1つの大学ではシーズの数やハンドリングの点で運営が困難であったため作られたので、今後、規模の小さいTLOを中心にネットワーク化が、一層、進んでいくものと思われます。

---

### ＴＬＯの業務運営

■大学教官等の発明を特許として権利化

大学からの技術シーズの発掘
↓
優れた発明の特許を出願
↓
特許権等の企業へのライセンス
↓
企業からロイヤリティの受け取り
↓
ライセンス収入等の大学・研究者への還元

■産業界と大学との技術交流・技術移転の橋渡し

・大学等の技術情報の開示

・研究開発等の斡旋仲介、委託、受託

・技術指導の提供、斡旋仲介

・会社の設立、経営等のコンサルティング

・講演会、講習会、セミナーの開催

TLOの具体的な業務についてみていきましょう。

まずは、大学の研究者がどのような技術を研究しているのか、つまりシーズの把握を行います。また、事業化できそうな技術については、教官、研究者から譲り受け、特許の出願を進めます。さらに、実際に使いたい企業を探し、いくらで使用するかの価格の交渉、ライセンスという作業を行います。特許のライセンス料を対価として受け取り、組織の運営費に当てると共に、大学、学部、研究室に一定の割合で還元していきます。

その他にも、大学と企業との技術の橋渡しを行うため、大学にある技術情報の開示、研究開発等の斡旋仲介や委託研究、受託研究の仲介、新しい技術を使った会社設立、経営のコンサルティング、講演会、講習会、セミナーの開催を行っています。

---

## TLO運営上の課題

■売れる特許とはどのようなものか。
　大学の研究シーズで直ちに企業で商品化できるものはほとんどない。
■買い手になりそうな相手を見つけるのは極めて困難。
　ニーズとシーズのマッチングが難しい。
■ライセンス契約の条件はどの程度が適切か。
　単独の特許で製品化できるものは少ない。
　また大企業などでは特許のクロスライセンスが一般的
■持込まれた全ての発明を出願はできない。
　出願、審査、特許維持に相当の費用がかかる。
■TLOの経営体としての課題
　運営上、特許出願など資金の流失が先行、収入はすぐには入らない。

TLOの運営にはさまざまな課題があります。

大学の研究はシーズ段階のものがほとんどで、すぐに商品化できるものは多くはなく、こうしたシーズを企業のニーズと結びつけることは簡単ではありません。さらに最近では、単独の特許だけで商品化できるものは、ほとんどありません。大企業は、基本特許のほかに周辺特許も押えているので、1つの技術を商品化しようとした場合、ある企業の周辺特許に抵触して、前に進めなくなるケースもあります。

TLOの経営体としての課題もあります。特許を出願・維持していくのに費用がかかるので、大学の発明すべてを特許出願できるわけではありません。一方で、企業へのセールスを行うため、いくつかの特許を出願しておく必要がありますが、そのために先行的に費用が発生するので、TLOの経営は楽ではありません。

## ＴＬＯの日米比較

|  | 日本 | 米国 |
| --- | --- | --- |
| 根拠法 | 技術移転促進法 | ベイドール法 |
| TLOの数 | 31機関 | 142機関 |
| 法人格 | 学外組織が多い | 学内組織が多い |
| 職員形態 | 常勤職員が少ない | 常勤職員が多い |
| 会員制度 | 多くのTLOが採用 | 少ない |
| 特許出願件数 | 1,619 | 5,623 |
| ライセンス件数 | 349 | 3,606 |
| ライセンス収入 | 4.1億円 | 11.1億ドル（1,332億円） |
| 大学発ベンチャー数 | 531社 | 2,624社 |
| ライセンス件数／特許出願件数 | 22% | 64% |

出所：経済産業省調べを参考

米国におけるTLOの歴史は古く、1925年にウィスコンシン大学が設立したのが最初です。現在では142のTLOが活動を行っています。米国のTLOも、すべてがうまくいっているわけではありません。運営上、黒字でやっているところは10箇所程度であるといわれています。しかしTLOのスタッフは専門化が進ん

でいます。ライセンス契約の知識や交渉能力に優れたTLOのスタッフに対する需要は非常に強いのです。引き抜きも頻繁に行われており、筆者が訪問したことのあるカリフォルニア大学のTLOの幹部も、2カ月前に中西部の大学から引き抜かれてやってきたといっていました。日本でこのような事態が起こるのは当分、先の話かもしれません。一方、産業界との結びつきを強めているTLOに関しては、トラブルも発生しています。アリゾナ大学ではTLOが1つの特許を二重にライセンスするミスを犯し、420万ドル（約5億円）の支払いを求められる判決を受けています。日本でもTLOに対する関心が高まっていますが、TLOの活動が本格化した場合、産業界とのこうしたトラブルが発生することが予想されます。

## 4. 大学発ベンチャーの創出に向けて

```
大学（シーズ）  →  すぐに使える技術
                    ライセンシング、技術指導                     → 産業界

                  インキュベートの必要な技術
                    共同研究、基本特許ライセンス先への研究指導   →

                  ベンチャー起業
                    ライセンス、M&Aによる技術移転
                    独自の市場開拓                              →
```

　すぐに使える技術は産業界にライセンスすることで実用化していくのが望ましいです。しかし、多くの技術はすぐには実用化できず、インキュベート（孵化）が必要となります。さらに共同研究、技術指導などで実用化のレベルにもっていくことが重要です。しかし、これでも大学の技術が実用化に進まない場合もあります。このときは、大学の研究者が自ら起業することによって、実用化に近づける手段が有効です。この場合、必ずしも研究者自らが経営をする必要はありません（米国においては、大学の教授が自ら経営している会社は、ベンチャーキャピタルなどからはよく見られません）。しかし、研究者はその技術について最も理解しているので、会社のメンバーの1人として運営に関与することによって、技術が実用化される可能性が高まります。こうした理由で産学連携のさらなる推進のため、大学発ベンチャーの活用が必要となっているのです。

## 「大学発ベンチャー」企業数の推移

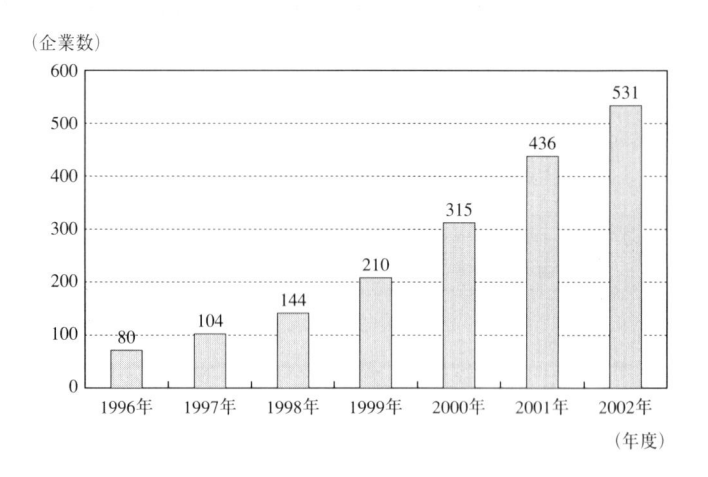

| 年度 | 企業数 |
|---|---|
| 1996年 | 80 |
| 1997年 | 104 |
| 1998年 | 144 |
| 1999年 | 210 |
| 2000年 | 315 |
| 2001年 | 436 |
| 2002年 | 531 |

　大学発ベンチャーの設立に関しては、2001年5月に当時の平沼経済産業大臣が提唱した「大学発ベンチャー1,000社計画（平沼プラン）」が目標値となっています。経済産業省の調査によれば、2002年3月末で大学発ベンチャーの設立数は531社に達しています。大学発ベンチャー531社の中には、大学の研究成果を基に起業したもの以外に、設立から5年以内に大学と共同研究を行ったものや、インキュベーション施設に入居し大学から支援を受けた企業、あるいは大学のビジネス講座を受けて起業を決意した企業なども含まれています。

　各大学では大学発ベンチャーの設立ブームが続いているので、数字的には千社達成も不可能ではありません。しかし今後、こうした大学発ベンチャーがはたして企業としての形を整え、十分な雇用を生み出すような企業に成長していくのか、ある程度の規模を有する産業分野を形成することにつながるのかは、もうしばらく様子を見る必要があります。

> ## 大学発ベンチャー創出の背景
>
> 1．国際競争力の強化ため、大学のシーズを活用
> 2．実用化のスピードを早める
> 3．米国の成功例
> 4．企業からのアウトソーシングの要請
> 5．大学の経営強化

　大学発ベンチャー創出の背景について整理してみましょう。日本が中国や韓国、東南アジアなどの諸外国に対して競争力を維持するためには、新たなイノベーションを起こし、キャッチアップされない技術分野を切り開き、新製品を開発することが必要となっています。そのために高度なシーズを持つ大学を活用することが不可欠です。大学は企業との間で共同研究や技術移転などの形で産学連携を進めていました。しかしながら大学のシーズをいち早く実用化するためには、その技術に最も詳しい大学の関係者が中心となって起業する大学発ベンチャーが有効な手段であると認識されるようになりました。米国のシリコンバレーなどに見られる大学を中心に多くのベンチャー企業が生み出されるスタイルが、こうした戦略のモデルになっています。

　企業側もバブル崩壊後、リストラや経営資源の集中で、コア分野以外はなるべく切り捨てたり、アウトソーシングする必要が出てきました。結果として、大学と連携して大学発ベンチャーを活用するインセンティブが強くなりました。

　大学側も少子化に伴う大学間の競争激化や国立大学の独立行政法人化によって、経営を強化する必要があります。こうした要因が重なって大学発ベンチャー創出への取り組みが急速に進められています。

## 主要な大学発ベンチャー

| 大学名 | 企業名 | 設立年月 | 概要 |
|---|---|---|---|
| 大阪大学 | アンジェス・MG㈱ | 1999年12月 | 大阪大学森下助教授が中心に設立。体内に新しい血管を作る肝細胞成長因子などの遺伝子治療をめざす。2002年9月上場。 |
| 熊本大学 | ㈱トランスジェニック | 1998年4月 | 遺伝子改変マウスの研究。2002年12月上場。 |
| 東京電機大学 | ㈱ダイマジック | 1996年6月 | 浜田教授が研究していた「ステレオ・ダイポール」と言う音響装置の開発をめざす。 |
| 徳島大学 | ナイトライド・セミコンダクター㈱ | 2000年4月 | 酒井教授の研究していた、次世代青紫色半導体レーザに適した半導体材料窒化ガリウム基板の量産。 |
| 北海道大学 | ㈱ジェネンティックラボ | 2000年9月 | 遺伝子の結合状況を調べる「DNAアレイ」を用い、遺伝子を短時間で検査できる解析キットの開発。 |

　上記は主要な大学発ベンチャーの一覧です。この中では大阪大学の森下助教授の設立したアンジェス・MGと熊本大学のトランスジェニックが既に上場しています。しかしながら、ほとんどの大学発ベンチャーは、株式上場まではできないだろうといわれています。大学発ベンチャーが本当の経済効果を持つためには、数年後に数十億円の売上を上げるような企業に成長する必要があります。そうでなければ、多くの資金・人材を投入する意味は少ないのです。大学の関係者だけで進める場合、売上2～3億円のベンチャー企業を立ち上げるので精一杯でしょう。ある段階で大学関係者の手を離れてプロに任せなければ、売上が数十億円規模の企業にまで成長させることは難しいのです。ここで問題なのは、大学発ベンチャーの立ち上げに精通している人材が極めて少ないことです。大手ベンチャーキャピタルの出身者でさえ、実際の立ち上げの経験がなければ、大学発ベンチャーを初期段階から育成していくことは困難でしょう。大学発ベンチャーに対しては、大手ベンチャーキャピタルだけでなく、独立系

のベンチャーキャピタルの中にも、経営支援チームを送り込むような踏み込んだ対応をするところも出てきました。しかし、本格的な動きはこれからです。大学発ベンチャーで上場した2社はいずれも、ビジネス面で非常にプロフェッショナルな人材を送り込んで成功しています。大学発ベンチャー成功の鍵は、いかに早く経営上のパートナーを見つけられるかです。

---

### 大学発ベンチャーの問題点

1. 経営能力、経営資源の不足
2. 大学内の問題
   兼業規制、利益相反、研究者の適正な評価
3. 不十分なサポート体制
   リエゾンオフィス、TLO、知的財産本部などの体制強化
   インキュベーション施設などの充実
   インキュベーション・ファンドなど金融面での支援
   経営人材の供給

---

大学発ベンチャー成長の阻害要因としては、ヒト、モノ、カネのあらゆる経営資源が根本的に不足していることです。ヒトに関しては小樽商科大学のビジネス創造センターのようなマネージメントを行う人材を供給する組織が一部にはできているものの、全体として、こうした人材は大幅に不足している状況にあります。施設面では近時、大学内外のインキュベーション施設が整備され、育成環境が整いつつあります。カネに関しては、いわゆるインキュベーション・ファンドとしてアーリーステージの企業を育てていくファンドや大学発ベンチャーを中心に投資を行うファンドが数多く設立されています。このように、大学発ベンチャーをめぐる状況は少しずつは改善されていますが、依然としてまだ十分ではありません。

大学側の意識もまだ低く、大学発ベンチャーを含む産学連携への取組みを十分に評価する体制が整えられていません。国立大学の教官の場合、会社の運営に関わる際は、兼業規制の問題が出てきます。兼業規制は徐々に緩和されていますが、今のところ大学ごとに運用が異なり、実際は使えないという声も聞かれます。教官の利益相反の問題に関しても必ずしも明確な基準がなく、今後、大きな問題が生じることで、大学発ベンチャーを育成しようという機運に水を差すことになりかねません。きちんとしたルールを設定して進めていくことが非常に重要です。

　本気で大学発ベンチャーを育成していくためには、リエゾンオフィス、TLOなどさまざまなサポート体制を一層強化することで、大学発ベンチャーの技術レベル、事業レベルをいち早くベンチャーキャピタルが投資可能なレベルまで引き上げてやることが重要になるのです。

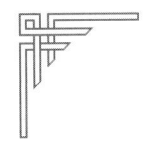

# 第3章　シリコンバレー

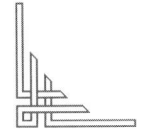

1．シリコンバレーの概要
2．シリコンバレー成功の要因
3．米国各地のクラスター形成の要因
4．米国のバイオクラスターとバイオ産業の動向
5．スタンフォード大学
6．シリコンバレーの現状と今後

## 1. シリコンバレーの概要

- ■米国西海岸、カリフォルニア州、サンフランシスコ南部
  3,800平方kmに上場企業450社が存在
- ■ドン・ホフラーの命名
  (1971年、Microelectronics News)
- ■リーランド・スタンフォード・ジュニア大学（1885年設立）
  当時は果樹園が広がる田園地帯
- ■現在では世界最大のハイテク地域（IT、バイオ）

　シリコンバレーは、サンフランシスコ市から車で1時間ほど南に下がったところに位置する広大なハイテク地域の通称です。地理的にはカリフォルニア州サンタクララ郡に当たります。スタンフォード大学ができた19世紀の頃は、果樹園が広がるのどかな田園地帯でした。1971年にエレクトロニクス社の編集者ドン・ホフラーが「シリコンバレー」と命名し、以後この名前が定着しました。現在では、シリコンバレーの範囲はサンタクララ郡の周辺を含めた広い範囲を指して使うことが多いようです。シリコンバレーには、日本からも多くの人が訪問し、その成功の要因を探っています。2000年頃の猫も杓子もシリコンバレーに行くような状況は、さすがに収まっているものの、依然としてシリコンバレーの持つ国際的競争力やベンチャー企業育成には高い関心がもたれています。シリコンバレーの成功要因について語れば、それだけで1冊の本ができるような内容になりますが、本章では、シリコンバレーの概要と成功のポイントについて触れることにします。

## シリコンバレーの沿革

- 1885年　リーランド・スタンフォード・ジュニア大学設立
- 1924年　フレデリック・ターマン無線通信研究所の所長就任
- 1939年　ヒューレット＆パッカード設立
- 1951年　スタンフォードリサーチパーク設立
- 1956年　ショックレー半導体研究所設立
- 1957年　フェアチャイルド設立
- 1968年　インテル設立
- 1982年　サン・マイクロシステムズ設立
- 1984年　シスコ・システムズ設立
- 1995年　ヤフー設立

　シリコンバレー発展のきっかけとなったスタンフォード大学は、ニューヨーク州出身でセントラル・パシフィック鉄道の建設で財をなしたリーランド・スタンフォードによって、1885年に設立されました。1884年に旅先の欧州で急死した１人息子の成し得なかった夢を、他の若者によってかなえるのが設立の動機であったといわれています。スタンフォード大学の卒業生で、MITからスタンフォード大学に戻ったフレデリック・ターマン博士は、1924年にスタンフォード大学の無線通信研究所の所長に就任しました。それまでは地方の一大学に過ぎなかったスタンフォード大学は、それ以降、大きく飛躍することになったのです。ターマン教授の援助を受けた学生ウィリアム・ヒューレットとデビッド・パッカードの２人によって、自宅のガレージでヒューレット・パッカード社が設立されました。同社は第二次大戦中に大きく成長し、同大学の起業家精神の象徴的な存在となっています。さらにターマン教授は、トランジスタの発明で後にノーベル賞を受賞するウィリアム・ショックレー博士に、同地での研究所設立を要請しました。ショックレー博士はベル研究所をやめて、この地に

ショックレー半導体研究所を設立しました。ショックレー半導体研究所から独立した8人の技術者（8人の裏切り者と呼ばれています）によって、1957年にフェアチャイルドセミコンダクターが設立され、さらに同社からインテルなど数多くの企業が生まれていったのです。その後シリコンバレーは、70年代はコンピュータ、80年代はパソコン、90年代はネットワーク製品・インターネットと主役を交代させながら現在に至っています。その過程で、スタンフォード大学を中心に多くのベンチャー企業が生み出されているのです。

## シリコンバレー（サンタクララ郡）における雇用者数の変化

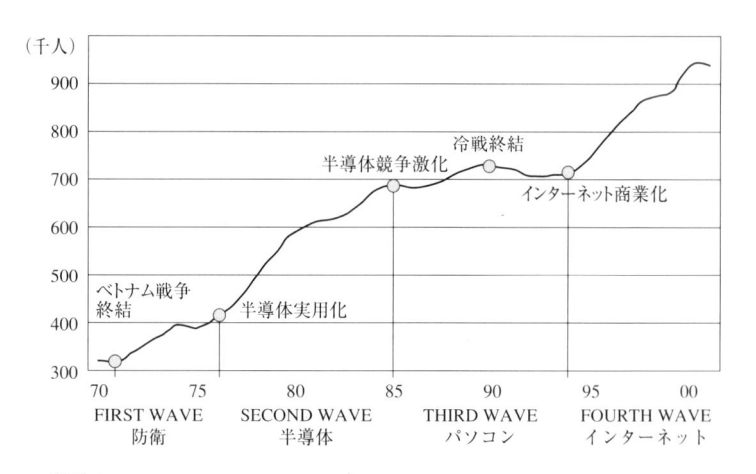

出所：Economy.com, Collaborative Economocs

シリコンバレーは過去に何度か停滞した時期を経験しています。防衛産業が衰退し、半導体競争で日本に敗れた80年代後半などです。シリコンバレーの成長はハイテク企業だけでなく、それを支えるサービス産業の集積によって支えられています。そして、それらの企業は日本に見られる親会社・子会社的な体制ではなく、水平的・分権的な体制からなっています。80年代後半は、半導体のメモリーに代表される大量生産によるコストダウン方式がシリコンバレーの企業にも影響を及ぼし、大量生産に適した集中型の構造が取られるようになり

ました。そのため、シリコンバレーの特徴といわれる水平的・分権的構造が次第に失われ、シリコンバレーの企業の活動は停滞したのです。90年代に入り情報化が進展する中で、インターネットやネットワークなどの新しい製品を生み出すことで、こうした状況を打開し再び成長を開始しました。

次にシリコンバレーに関するいくつかの統計をみていくことにします

## シリコンバレーにおけるベンチャーキャピタル投資動向

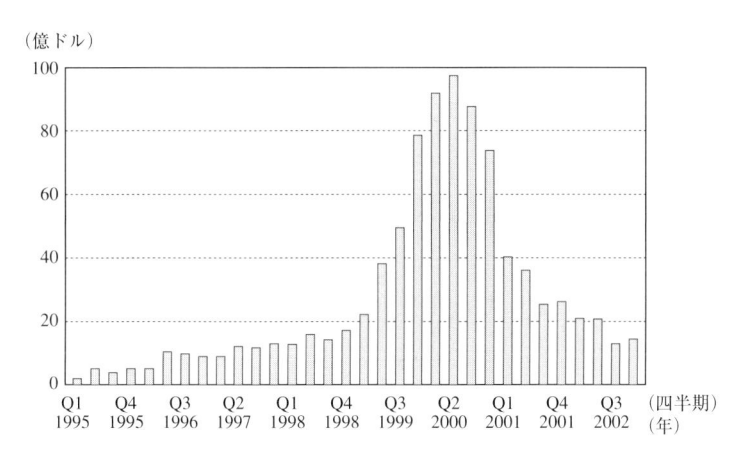

(億ドル)

| 四半期/年 | 投資額(億ドル) |
| --- | --- |
| Q1 1995 | ~5 |
| Q4 1995 | ~15 |
| Q3 1996 | ~15 |
| Q2 1997 | ~15 |
| Q1 1998 | ~15 |
| Q4 1998 | ~20 |
| Q3 1999 | ~40 |
| Q2 2000 | ~98 |
| Q1 2001 | ~75 |
| Q4 2001 | ~25 |
| Q3 2002 | ~15 |

出所：Pricewaterhouse Coopers "Money Tree Survey in partnership with Venture One"

ベンチャーキャピタルはハイテク企業が多く立地する地域に集中する傾向があります。米国においてはシリコンバレーやボストン、ニューヨークなどにベンチャーキャピタルが多く立地しています。中でもシリコンバレーがあるカリフォルニア州に全米の投資額の約4割が集中しています。

ベンチャーキャピタルはシリコンバレーのハイテク産業の大きな原動力であり、この動向が今後のシリコンバレーにおけるハイテク産業の動向を左右します。上図はシリコンバレーのベンチャーキャピタル投資額の推移を表しています。93年以降、米国では再びベンチャーブームを迎え、IT、通信、バイオ関連のハイテク企業への投資に牽引され、投資額は増加の一途をたどり、2000年に

は1年間だけで4兆円近い投資が行われました。

　2001年の春からの株価の下落、ITバブルの崩壊によって、2001年、2002年の投資額は大幅な減少となっています。現在でもベンチャーキャピタルは投資案件の選別を強めており、可能性のある案件への追加投資と少数の新規案件に絞って投資をしている状況です。ベンチャーキャピタルは、企業が新規株式公開することによって大半の利益を得ています。株式市場の低迷により、ベンチャーキャピタルが投資した企業の現在価値は大幅に下落しているので、ベンチャーキャピタルは、新規の投資に対してますます慎重になっているのです。

### シリコンバレー（サンタクララ郡）における失業率

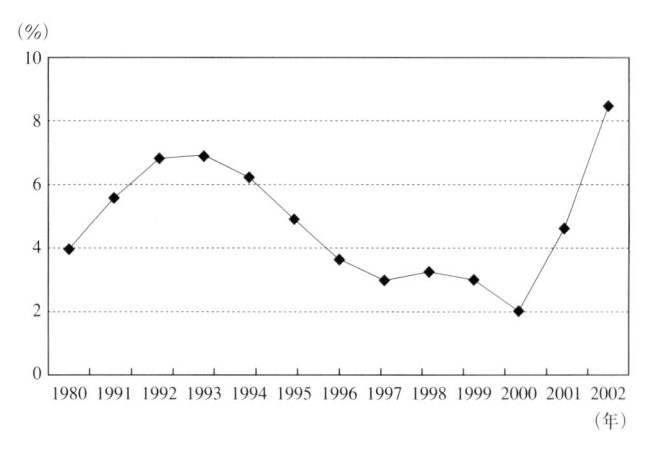

出所：Pricewaterhouse Coopers "Money Tree Survey in partnership with Venture One"

　次にシリコンバレーの最近の失業率をみてみましょう。93年以降、好景気を反映してシリコンバレーの失業率は一貫して低下し、IT関連企業が絶好調であった2000年には2％を記録しました。その後ITバブルの崩壊で急上昇し、全米を上回る水準になっています（全米2002年は5.8％）。ITバブル崩壊は最初、インターネットなどの企業、いわゆるドットコム企業の倒産から始まりました。

ドットコム企業は雇用者数全体からみれば大きな数字ではないのですが、その後、大手ハイテク企業のリストラに及んだため、レイオフは数千人単位で進みました。この間、業種的に最も失業者が多かったのはソフトウェア、半導体、コンピュータの順になっています。

　少し話は逸れますが、シリコンバレーはかなり極端なマーケットメカニズムに支配されています。それは物価だけでなく、雇用、サービスなどすべての分野に及んでいます。失業率がこれだけ上下するのは、雇用にもマーケットメカニズムが反映されているからです。サービスの価格変動もかなり極端で、ホテルの宿泊料も大きく変わります。筆者がバブルの最中にシリコンバレーに行ったときは、モーテルのような安宿でも300ドル（約4万円）もしていたことがありましたが、1年後に行ったときは、立派なホテルでも100ドルで悠々と泊まることができました。

## 主要企業レイオフ状況（2001年）

| 会　社　名 | 発表月 | 人員削減数 | 削減割合 |
|---|---|---|---|
| JDS Uniphase | 2月 | 3,000 | |
| | 4月 | 5,000 | |
| | 7月 | 8,000 | |
| | 合　計 | 16,000 | 53% |
| ヒューレット・パッカード | 1月 | 1,770 | |
| | 4月 | 3,000 | |
| | 7月 | 6,000 | |
| | 合　計 | 10,770 | 13% |
| | 9月 | 15,000 | (Compaqとの合併) |
| ソレクトロン | 3月 | 8,200 | |
| | 4月 | 1,075 | |
| | 合　計 | 9,275 | 11% |
| シスコ・システムズ | 3月 | 8,000 | 11% |
| インテル | 3月 | 5,000 | 6% |
| 3Com | 2月 | 1,200 | |
| | 5月 | 3,000 | |
| | 合　計 | 4,200 | 46% |

出所：Mercury News Research

ITバブルの崩壊によってシリコンバレーのハイテク企業も大きな痛手を受けました。業績の悪化に伴い、シリコンバレーを代表する企業が数千人単位のレイオフを実施しました。ネットワーク関連のJDSUniphaseや3Comは50％前後の人員を削減しました。こうしたレイオフの数字を発表することで、リストラをしているという企業の姿勢を鮮明にし、投資家にPRする要素もあるといわれています。シリコンバレーの企業はこうした大胆ともいえる人員削減を行うことで、ハイテク業界における厳しい競争に生き残っていく体制を作り上げているのです。こうしたリストラの効果もあって、2003年度に入って一部の企業は業績が回復してきています。

## シリコンバレーの平均賃金

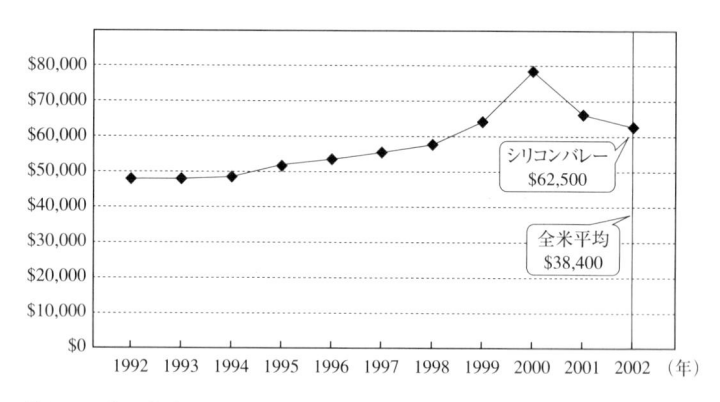

注）2002年は推定。
出所：「Employment Development Department」

　シリコンバレーの平均賃金は、ITバブルの崩壊によって、ここ2年間で2割以上のマイナスになりました。しかし依然として全米平均に比べれば、約2倍の水準となっています。シリコンバレーの平均賃金の高さはIT、バイオを始めとしたハイテク産業の集積によるものです。米国でも多くの地域が、シリコンバレーをモデルとして地域作りを進める大きな要因はここにあります。しかし、

よい話ばかりではありません。高い賃金を得られるのは、金融やハイテク技術者など一握りの人に限られています。バブル期にはシリコンバレー周辺の家賃が高騰し、給与の高くない公立高校の先生など多くの人がシリコンバレー周辺に住めなくなるという問題が生じました。

## シリコンバレーにおける人種構成

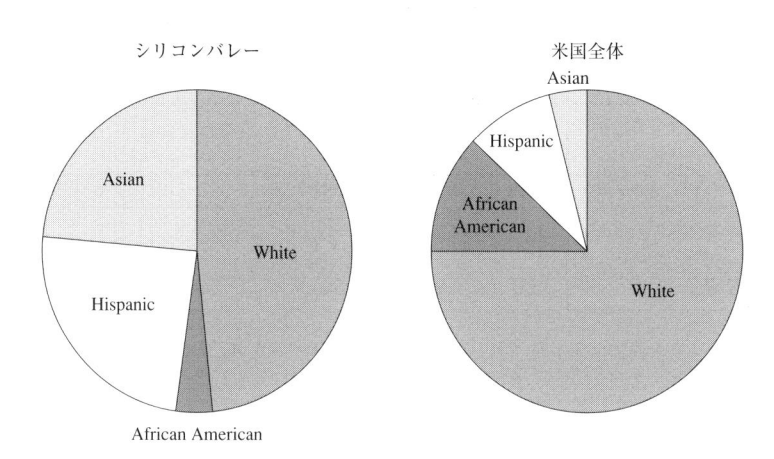

シリコンバレー / 米国全体

出所：jointventure.orgより作成。

　シリコンバレーの人種構成は米国全体とはかなり異なっており、アジア系やヒスパニックがそれぞれ4分の1を占めています。よくシリコンバレーはICでもっているといわれますが、これは半導体のICとインド人（Indian）、中国人（Chinese）をかけて、いずれもシリコンバレーを支える重要な要素であることを示しています。シリコンバレーからITやバイオ関連の技術や企業そしてまったく新しいビジネスモデルが生み出されるのは、多くの人種がぶつかりあい、さまざまな価値観を作り出していることが大きな要因と思われます。

　シリコンバレーの中心であるサンノゼ市にはInternational Business Incubator（IBI）という外国企業しか入居できないインキュベーション施設があります。シリコンバレー自体が外国企業や外国人を多く受け入れることで、一層のイノ

ベーションを生み出す仕掛けを作り出しているのです。

## シリコンバレーの主要企業

| 会 社 名 | 製 品 名 | 創立 | 創 業 者 |
|---|---|---|---|
| ヒューレット・パッカード | オーディオ発信器 | 1939 | ヒューレット／パッカード |
| インテル | マイクロ・プロセッサー | 1968 | ノイス／ムーア |
| ジェネンティック | バイオ | 1976 | ボイヤー |
| オラクル | データベースソフト | 1978 | エリソン |
| サン・マイクロシステムズ | ワークステーション | 1982 | ベクトルスハイム |
| シスコ・システムズ | ルーター | 1984 | ボサック／ラーナー |
| ネットスケープ・コミュニケーションズ | ブラウザー | 1994 | クラーク／アンドリューセン |
| ヤフー | ポータルサイト | 1995 | ヤン／ファイロ |

注）ネットスケープ・コミュニケーションズは1998年AOL Time Warner社に買収された。

シリコンバレーには世界を代表するハイテク企業が林立しています。その草分け的存在はヒューレット・パッカードです。ターマン博士の指導を受けたウィリアム・ヒューレットとデビット・パッカードは、大学卒業後、シリコンバレーに戻り、ガレージをオフィスにして会社を起しました。同社は電子計測機の開発からはじまり、現在はパソコン、プリンターの世界的企業に成長しています。これ以外にパソコンの心臓部ともいえるマイクロ・プロセッサーで圧倒的シェアを持つインテルやデータベースソフトの大手オラクル、バイオ産業の草分けであるジェネンティックなどの企業もあります。90年代以降ではインターネット関連のネットスケープ・コミュニケーションズやヤフーなどの企業が生まれています。

よく日本の自治体や企業の方からシリコンバレーを視察したいという要望があります。実際のところシリコンバレーは多くの企業の事務所、工場などの低

層棟の並ぶ地域で、外観だけ見てもあまりおもしろいところではありません。

シスコ・システムズ

サン・マイクロシステムズ

## 2．シリコンバレー成功の要因

1．産業クラスター
2．起業文化
3．経営モデル
4．地域コミュニティ

　シリコンバレーの成功要因は多くの書物で語られています。本書では次の4つの要因に分けて解説したいと思います。

　1つ目は、スタンフォード大学を中心に多くのベンチャー企業が生まれ、その周辺にベンチャーキャピタルなどのサポート機関も集積し、それらが相乗効果を発揮する、いわゆる、産業クラスターが形成されていったことです。

　2つ目は、競争しつつも助け合う独特の創業文化があることです。またビジネスのスピードが早く、失敗をしても「ナイストライ」としてそれを許容する文化があります。

　3つ目は、仕事の役割分担が明確で、企業の成長にあわせて最適なメンバーが選ばれて経営に関与します。また、ストックオプション（一定の価格で会社の株式を購入できる権利）など役員・従業員のやる気を引き出すインセンティブが多く用意されています。これらの経営モデルは米国ではかなり普及している制度ですが、シリコンバレーの企業は、これを最大限活用しています。

　4つ目は、地域社会が経済の主体として積極的にビジネスに参加し、地域のニーズや問題の解決に向けて取り組んでいます。経済と地域社会が一体化した新しい地域コミュニティが誕生しているのです。この動きは日本のいくつかの都市にも波及してきています。

## 産業クラスターの構成要素

1. キーパーソン
2. 大学（スタンフォード大学、UCバークレー、UCサンフランシスコ…）
3. 支援インフラ
   ベンチャーキャピタル
   コンサルタント
   弁護士、会計士

　最初の1つである産業クラスターとは、ハーバード大学のマイケル・ポーター教授が提唱した理論で「特定分野に属し相互に関連した企業と機関からなる地理的に近接した集団」と定義されています。産業クラスターの形成には、中心となって働くキーパーソンの存在が欠かせません。シリコンバレーでいえば、フレデリック・ターマン教授ということになります。地方大学の1つに過ぎなかったスタンフォード大学に多くの有名な研究者を招くことで、スタンフォード大学の名声を高め、自身はウィリアム・ヒューレットとデビット・パッカードに資金を与え、ヒューレット・パッカード社の設立を支援しています。米国の産業クラスターの成功には、こうしたキーパーソンの驚異的な活躍が大きな部分を占めています。

　次に産業クラスターの構成要素で大きなものは、大学や研究機関です。大学といっても、多くの研究者を抱え研究のシーズが豊富な大学が必要となります。こうした研究開発型の大学が設立され、周辺にベンチャー企業ができるようになると、その企業を支援するためのベンチャーキャピタルやコンサルタント、弁護士、会計士などが集まってきます。米国の西海岸ではベンチャーキャピタルは元来、サンフランシスコに多く集まっていましたが、シリコンバレーにベンチャー企業が多数生まれたことで、サンフランシスコからシリコンバレーに移ってきました。こうして集積が出来あがると内部の情報交換が容易となり、

さらに新たなビジネスを展開していくことが可能となります。

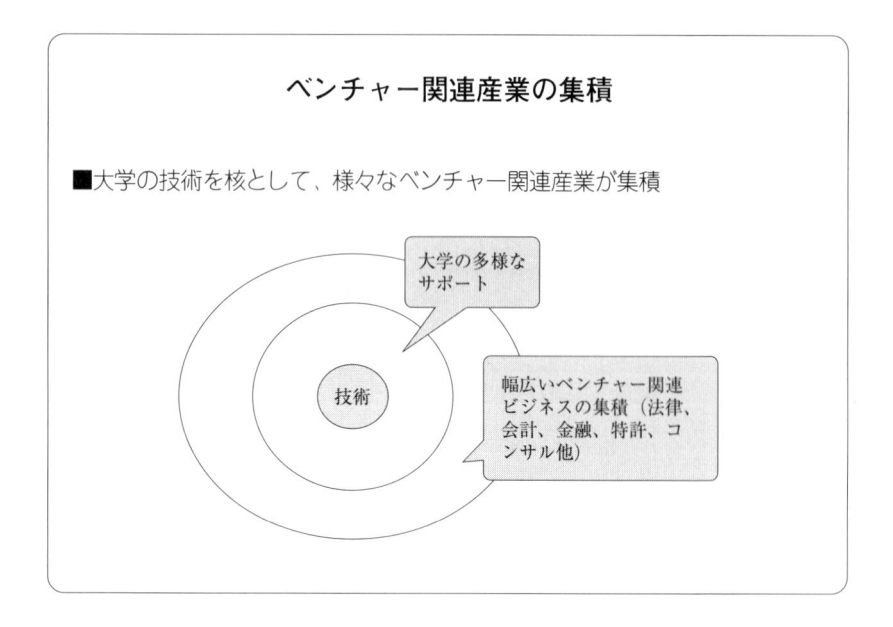

**ベンチャー関連産業の集積**

■大学の技術を核として、様々なベンチャー関連産業が集積

- 技術
- 大学の多様なサポート
- 幅広いベンチャー関連ビジネスの集積（法律、会計、金融、特許、コンサル他）

　1990年代に入ると、米国の多くの大学はベンチャー企業の育成に力を注ぐようになりました。大学の技術を民間に移転したり、大学の教授がベンチャー企業を設立するのを支援しています。大学の機関としてはTLO、リエゾンオフィスがあります。TLOは既に説明したように大学の有する技術を特許化し、民間企業などに技術を移転する機関です。リエゾンオフィスは企業と大学をつなぎ共同研究を進める窓口です。

　すぐれた技術も市場にあったプロトタイプのレベルにまで進まないと、民間企業の関心を引くことは難しいため、スタンフォード大学では、さまざまなファンドを用意して大学の有する技術の実用化を支援しています。1つはバードシード・ファンド（BirdSeed Fund）と呼ばれるもので、研究者が製品のプロトタイプを開発するための資金を提供します。他には、ギャップ・ファンド（Gap Fund）と呼ばれ、未だライセンスされていませんが、将来性のある技術を市場化すること目指しているファンドがあります。

また、大学内の多様なサポートに加え、大学の周辺にはベンチャーキャピタル、弁護士事務所、会計士事務所さらにはコンサルタントなどのサポートビジネスが集積していくことで、ベンチャー企業育成の環境が整備されていくのです。

---

### 起業文化

1. 競争と協働
2. スピード重視
3. 失敗を許容する文化
4. 人材流動化

---

シリコンバレーの2番目の成功要因として独特の起業文化をあげることができます。シリコンバレーの企業同士は激しい競争を繰り広げていますが、その中にあっても研究者同士は情報交換を行うことができる関係があります。また、シリコンバレーにおいては特にスピードが重要視されます。良いものは積極的に他社から取り入れ、最も得意な分野に経営資源を集中する経営方針を取ります。

ベンチャー企業の経営者は成功しなくても、ある程度までいけば、それまでの過程が評価され、次のチャンスを与えられる可能性が高いのです。

人材の流動化が進んでおり、設立間も無い企業であっても、その企業に将来性があれば優秀な人材を集めることが可能です。最近、日本のベンチャー企業で日本国内ではなく、最初からシリコンバレーで設立する企業があります。日本では名前が通っている企業でないと、人が集まらないためです。シリコンバレーのこのような起業文化がベンチャー企業育成に大いに役に立っています。

> ## 経営モデル
>
> 1. 役割分担
> 2. ストックオプション
> 3. 成長段階に応じたビジネス体制
> 4. リスクマネーなど金融に厚み

　シリコンバレーは上記のような経営モデルが確立されており、会社での責任と権限が明確になっています。役員や従業員の一部には、ストックオプションが与えられます。企業業績が向上すれば株価が上昇し、ストックオプションを与えられた者は恩恵を受けるため、モラルがあがります。また、ベンチャー企業にとっては、手元にお金がなくても優秀な人材を確保できる有効な手段です。日本でも最近、一部の企業でストックオプションが導入されていますが、シリコンバレーの企業では非常に広範囲に利用されています。ストックオプションに関してはエンロンやワールドコムなどの不祥事を発端として、ストックオプションを費用として計上するなど、会計処理を厳格にする動きが出ています。最終的な結論はまだ出ていませんが、ベンチャー企業にとってストックオプションが大きな武器であることは間違いありません。

　ベンチャー企業の育成には、起業、研究開発、事業拡大それぞれの段階を同じ人間が運営するよりは、研究開発の段階は技術のわかる理系出身の経営者、事業拡大時は販売に強い人脈を持っている人間というように、最適な人材を配置する方が効率的です。シリコンバレーにはこうした各方面の人材が揃っているため、ベンチャー企業の成長段階に応じた経営体制をとることが容易です。日本の大学発ベンチャーで最初に上場したアンジェス・MGは、成長段階に応じて社長を替えていったことが成功の要因だといわれています。

　4つ目は、ベンチャーキャピタルやエンジェルといったリスクマネーに厚みがあることもシリコンバレーの大きな特徴です。

## 地域コミュニティ

1. ジョイント・ベンチャー・シリコンバレー・ネットワーク
2. ビジネス・インキュベータ
   International Business Incubator（IBI）
   Software Business Cluster（SBC）

　シリコンバレーは、地域社会が経済の主体としても積極的にビジネスを展開し、地域の問題を解決しようとする動きを強めているのです。そこには経済と地域社会が一体化した新しいコミュニティができています。その1つは、産業界、大学、研究機関、行政、市民がパートナーを組み、地域の将来像を構築していくことを目指すNPO「ジョイント・ベンチャー・シリコンバレー・ネットワーク」です。90年代の初め、不況に陥ったシリコンバレー地域の活性化を目指して発足した組織です。企業家が中心となって地域活性化の問題に取組み、行政は後からついてくるスタイルを取っており、行政主導で地域活性化を図るのが一般的な日本とは大きな違いがあります。

　ベンチャー企業の育成を目指すNPOとしては、IBIやSBCといったビジネス・インキュベータがあります。IBIは1996年に設立された米国市場への参入を目指す外国企業向けのビジネス・インキュベータです。地元のサンノゼ市やサンノゼ州立大学が中心となって支援を行っています。SBCは1995年に設立されたソフトウェア企業向けのビジネス・インキュベータで、サンノゼ市に本社を置くソフトウェア企業75社の3分の2がSBCの卒業企業となっています。SBCは地元のソフトウェア産業振興に大きく貢献しており、2000年には全米ビジネス・インキュベータ協会より「インキュベータ・オブ・ザ・イヤー」に選ばれています。

# 3．米国各地のクラスター形成の要因

- ソルトレークシティー
- シリコンバレー
- サンディエゴ
- オースティン

　1980年代から全米各地において、地域振興のために産業集積を図る動きが活発化しています。大学を中心とした産学連携や、軍需産業からの転換、または州政府が主導的な役割を果たしている地域などいくつかのパターンがありますが、ほとんどのケースにおいて大学を中心とした産学連携が含まれています。シリコンバレーの成功にならったミニ・シリコンバレーは、テキサス州オースティンやユタ州ソルトレークシティー、カリフォルニア州サンディエゴなど全米各地に存在しています。米国でも、かつては大企業誘致によって地域振興を図ろうとする動きがさかんで、そのために州同士による激しい企業誘致競争が繰り広げられていました。しかし、最近はベンチャー企業を育成する仕組みを作り上げ、これによって産業振興を図る方が、長期的にみれば効果が大きいとの見方が強くなっています。次ページからは代表的な3地域を紹介します。

## オースティンの発展要因

■1976年テキサス大学オースティン校（UT）のゴスメスキー博士がハイテクビジネスのシンクタンクIC2を設置。──→発展の基礎
■1982年UTと地元商工会議所などの積極的な誘致活動の結果、共同ハイテク研究コンソーシアムであるMCC（Microelectronics Computer Technology Corporation）を設立。──→ハイテク都市としての評価を高める。
■1980年代以降、デルが創業されるなど多くのベンチャー企業が誕生。

　近年、米国のクラスターの中で注目をあびているのがテキサス州オースティンです。同地域は石油産業の衰退によって地域経済が低迷していましたが、ハイテク産業を集積させることによって全米No.1と評価される（2000年Forbes誌）ビジネス都市に変身したのです。オースティン発展の歴史は、テキサス大学オースティン校（UT）のビジネススクール長に招聘されたゴスメスキー博士が、UTにハイテクビジネスのシンクタンクであるIC2という組織を、1976年に設置したことに始まります。1982年にはUTと地元商工会議所などの積極的な誘致活動の結果、共同ハイテク研究コンソーシアムであるMCC（Microelectronics Computer Technology Corporation）が設立され、ハイテク都市としての評価が高まりました。その後、1985年にはデルが創業するなど多くのベンチャー企業が生まれています。

　ITバブル崩壊後は、オースティンも一時ほどの勢いはありませんが、同地域が最近、日本でも多く取り上げられるようになったのは、次のような事情があるようです。大学を中心にベンチャー企業を育成し、地域発展につなげるモデル（シリコンバレーモデル）があること。80年代以降で比較的短期間に成果を出したため、シリコンバレーは無理でも、オースティンなら自分の地域でも真似できるのではないか、という期待です。もう1つは、ゴスメスキー博士などが中心になって、いわば人工的にクラスターを形成したといわれているため、日本の自治体が地域振興策として取り上げやすいことです。

> ## サンディエゴの発展要因
>
> ■軍需産業からスピンオフする人材を積極的に活用。
> ■カリフォルニア大学サンディエゴ校(UCSD)がIT、バイオ関連の産業集積に中心的役割を果たす。
> ■UCSD内のネットワーク組織UCSD CONNECTが大学発ベンチャーをサポート。

　カリフォルニア州サンディエゴは米国海軍の基地として有名ですが(トムクルーズ主演の映画トップガンの舞台)、冷戦終結後、軍需産業の縮小からサンディエゴの地域経済は低迷していました。サンディエゴでは軍需産業からスピンオフする人材を積極的に活用することによって、IT産業やバイオ産業の育成を図りました。この中で中心的な役割を果たしたのが、カリフォルニア大学サンディエゴ校(UCSD)です。UCSDは1960年に設立され、比較的、歴史は浅いのですが、現在では、研究開発費で全米トップ10に入る有力な研究開発型の大学に成長しています。UCSDからは、1979年にRoyston教授が設立したバイオ企業の草分けハイブリテックが、1985年にはJacobs教授が設立した携帯電話のクアルコムなどが生まれています。サンディエゴのベンチャー企業の育成には、UCSDのさまざまな技術的シーズがベースにはなっていますが、もう1つ大きな役割を果たしているのが、大学内に設置されたベンチャー企業育成のための組織であるコネクト(CONNECT)です。コネクトは日本語でいえば「結び付ける」という意味で、会計士、弁護士、コンサルタントなどの多様なネットワークが起業をサポートする体制になっています。コネクトの持つプログラムには起業のための講座を連続的に実施することで、大学内から自然にベンチャー企業が育成される仕組みもあります。コネクトの仕組みは、現在、日本で進められている産学連携や大学発ベンチャー育成の参考になると思われます。

## ソルトレークシティーの発展要因

■鉱山業の衰退により、大学のシーズを基にIT、バイオ関連のベンチャー企業を育成。
■遺伝子分野ではモルモン教会の所有する家系図をデータベースとして活用し、遺伝子研究に繋げる。
■TLO、リサーチパークを通じて生み出すベンチャー企業群だけで約6千人の雇用、6億ドルの売上を生み出す。
■ライセンスによる企業数全米第2位（1980〜1994年累計）

　ソルトレークシティーは前回の冬季オリンピックが開催された場所なので、日本人にも馴染みのある場所です。ソルトレークシティーのあるユタ州は90年代以降、全米屈指の成長をとげていますが、その成長を支えているのが、ユタ大学であり、ユタ大学から生まれたベンチャー企業群なのです。大学発ベンチャー創出に重点を置いたユタ大学TLOの取組みと、州政府による研究開発支援プログラムが発展の原動力になっています。

　ユタ州はモルモン教のメッカで、先祖伝来の家系図が多く残っていたことから、遺伝子の研究がさかんでした。こうした地域特性を活かし、バイオや医療関連の産業の集積を図っています。産学連携の中心はユタ大学ですが、州政府も民間の資金と公的資金を合わせて研究開発を行うマッチング・ファンド（1986年創設Centers of Excellence Program）を積極的に活用することで多くの研究成果に繋げています。これらの研究成果の多くは、ユタ大学のTLO等を通じて起業化されています。こうして設立されたベンチャー企業の多くが、大学内にあるビジネスパークに立地することで、成長を加速させる仕組みがとられています。ソルトレークシティーは、かつてのシリコンバレーの発展を思わせるやり方で、ここ20年の間に急速に発展をとげています。

# 4. 米国のバイオクラスターとバイオ産業の動向

## 米国のバイオクラスター

| 地　　域 | 集積の要因 |
|---|---|
| ベイエリア | UCSF、スタンフォード大学<br>ジェネンテック社からのスピンオフ<br>豊富なベンチャー資金<br>主要企業：ジェネンテック、チロン |
| ボストン周辺 | マサチューセッツ工科大学<br>ハーバート大学<br>主要企業：バイオジェン、ミレニアム |
| サンディエゴ周辺 | スクリプス研究所<br>ソーク研究所<br>UCSD<br>主要企業：IDEC |
| ワシントンDC周辺 | NIH（国立衛生研究所）<br>ジョンズ・ホプキンス大学<br>主要企業：MedImmune、ヒューマン・ゲノムサイエンス |
| ノースカロライナ州 | デューク大学<br>ノースカロライナ大学 |
| シアトル周辺 | イミュネックス社からのスピンオフ<br>マイクロソフト社によるベンチャー投資 |

　米国のバイオクラスターが日本のバイオベンチャー育成のモデルとしてよく取り上げられるので、ここで紹介しておきましょう。バイオ産業は広範で長期の基礎研究が不可欠であることから、大学や研究所の近くに多くの企業が集積する傾向があります。米国におけるバイオ産業は、サンフランシスコ、シリコンバレーを含むベイエリア、マサチューセッツ工科大学、ハーバート大学などの大学・研究機関が集積しているボストン周辺、国立衛生研究所などの政府関係機関が集積するワシントンDC周辺などのバイオクラスターを中心に発展を遂

げています。こうした地域では、大学・研究所を中心に産学連携→技術移転→ベンチャー企業の育成→企業の成長→スピンオフが繰り返され、クラスターの形成が進められています。こうしたクラスターの形成を通じて、バイオ産業における多くの技術的ブレークスルーもなしとげられているのです。これらのクラスターにおける共通の形成要因としては、①大学や研究機関の存在、②ベンチャーキャピタルへのアクセスに成功していること、③最低1社成功した企業があり、その企業からスピンオフによるベンチャー企業群が形成されていること、を挙げることができます。

## 日米バイオ産業の比較

|  | 日 本 | 米 国 |
|---|---|---|
| バイオベンチャー企業数（2002年） | 約300社 | 約2,000社 |
| バイオ企業への投資額（2002年） | 42億円 | 3,360億円 |
| 総投資額に対する比率（2002年） | 4％ | 13％ |
| バイオ関連予算額（1998年） | 5,600億円 | 20,800億円 |
| DNA解析量（1998年） | 世界の約1割 | 世界の約6割 |

出所：経済産業省資料より

　21世紀の有望な産業の1つとして、バイオ産業に対しては各国とも力を入れています。日米のバイオ産業を比較してみると、DNA解析のデータ量では米国が世界の6割を占めているのに対し、日本は世界の約1割に過ぎません。また政府のバイオ関連予算に関しても、米国の約4分の1にとどまるなど、研究開発の分野で大きく水を空けられています。さらに研究成果の事業化という観点からは、日本のバイオベンチャー企業数は米国に比べ、圧倒的に少ない状況となっています。ベンチャーキャピタルのバイオ企業への投資額も、米国に比べ約80分の1にとどまっています。こうした状況に対して、政府は2001年3月に定められた新科学技術基本計画の中で、バイオ産業を中心としたライフサイエンスの分野を、今後の科学技術振興における主要4分野の1つと定め、重点的な予算配分を行うことにしています。

> ### 日本のバイオベンチャー企業育成の課題
>
> 1．競争的で高いレベルの基礎研究機関が不足。
> 2．製薬会社が日本のバイオベンチャー企業に目を向けていない。
> 3．大学、TLOなどのインフラが不十分。
> 4．目利きできる人材が不足。
> 5．ネットワーク組織などのソフト面のインフラが不十分。

　バイオベンチャー企業育成に向けた日本の主要な課題を整理すると、以下の通りとなります。
①大学や研究所は、既存の学部や身内からの人材登用に縛られており、高いレベルで競争的な環境を持つ基礎研究機関が少ないのです。②バイオベンチャー企業に対する大きな資金提供元である製薬メーカーは、米国のバイオベンチャー企業には投資するものの、日本のバイオベンチャー企業にはあまり目を向けていません。これは日本のバイオベンチャー企業に、現状では有望な企業が少ないことや、日本の製薬メーカーは自前で研究開発から製品まで扱う傾向が依然として強いためです。③大学の研究成果を実用化するためのTLO、インキュベーション施設、臨床請負機関などのインフラが不十分です。④過去にバイオベンチャー企業の成功例がほとんど出ていないため、過去の経験に基づいてマネージメントを実施したり、ビジネスプランを作成できる人材が少ないのです。また、事業の目利きができる人材、バイオ専門のベンチャーキャピタルが不足しています。米国の例で見ると、企業が赤字であっても企業価値を判断する尺度がしっかりしており、バイオ専門のアナリストを通じて情報が的確に開示されています。日本では、バイオベンチャー企業の内容を根本的に投資家に説明できるアナリストも少ないため、ベンチャー企業に資金が循環しにくいのです。⑤関西や首都圏などいくつかの地域でバイオクラスターの形成が進められていますが、研究者、事業家、ベンチャーキャピタルなどを結ぶネットワークといったソフト面でのインフラが不十分です。

## 5. スタンフォード大学

### スタンフォード大学の概要
■1885年設立
■規模（2002年）

| | |
|---|---|
| 大学生 | 6,731名 |
| 大学院生 | 7,608名 |
| 合　計 | 14,339名 |
| 教　授 | 1,714名 |

■年間予算（2001年、病院を含まず）

| | |
|---|---|
| 収　入 | ＄2,019百万ドル |
| 支　出 | ＄1,959百万ドル |
| 純資産（2001年） | ＄11,534百万ドル |
| 研究開発費（2000年） | ＄455百万ドル　全米大学中8位 |

　ここでシリコンバレーの中心であるスタンフォード大学に話を戻しましょう。
　スタンフォード大学は大学生、大学院生あわせて約1万4千人からなる規模の大きな大学です（但し米国州立大学の中には数万人規模の大学もあります）。大学の比較で注目される指標は研究開発費のランキングですが、2000年度はスタンフォード大学は全米8位に入っています。研究開発費の額は上位校の中では飛びぬけて多いわけではありません。それでもスタンフォード大学から多くのベンチャー企業が生み出されるのは、スタンフォード大学自身が持つベンチャー企業育成のシステムや環境によるところが大きいのです。
　もう1つ注目すべき点は大学の有する資産の大きさです。スタンフォード大学は1兆円以上の資産を保有しています。毎年、寄付金が数百億円あり、もともとある資産を減らすことなく、新しい設備の建設や新しい教育プログラムの

導入を行うことが可能なのです。米国の一流大学の中には、資産1兆円を超える大学がいくつかあります。米国の大学における自主的な運営は、こうした資産的な裏づけが大きく寄与しています。

---

### スタンフォード大学発の企業

- ■シリコンバレーの精神的支柱
- ■同大学関係者の立ち上げた企業でシリコンバレー地区売上高の65％を占める。
- ■スタンフォード大学発の企業：ヒューレットパッカード、サン、シスコ、ヤフー、eBay、ジェネンティックなど

---

スタンフォード大学の教授や学生が始めた企業は、ヒューレット・パッカードに始まり、ワークステーションのサン・マイクロシステムズ、ネットワーク関連で世界最大規模の会社に成長したシスコ・システムズ、最近ではインターネットポータルサイトのヤフー、グーグル、インターネットブラウザーのネットスケープ・コミュニケーションズ、映画の特殊撮影を得意とする3D用ワークステーションのシリコングラフィックスなどが挙げられます。IT以外の分野でも、バイオテクノロジーの老舗ジェネンティックなど、数えては切りがないほどです。1996年のシリコンバレー地区企業売上高のうち、65％がスタンフォードの卒業生または教授が設立した企業であるといわれています（The Silicon Valley Edge）。また、次のような逸話もあります。80年当時、同大学のコンピュータ・サイエンス学科が入居していたマーガレット・ジャックス・ホールには、2階にはジム・クラーク（シリコン・グラフィックスとネットスケープの創業者）、4階にはアンディ・ベクトルスハイム（サンの創業者）、

地下1階にはレン・ボサックとサンディー・ラーナー（シスコの創業者）がいたといわれています。同時期、同じ建物にいた人が立ち上げたベンチャー企業が、いずれも今では世界的な大企業に成長しているのです。

スタンフォード大学の研究開発費は、米国大学の中では決して突出しているわけではありません。また大学自身が、大学発ベンチャー企業の支援に積極的に乗り出したのは、他の大学に比べむしろ遅い方であったにも拘わらず、時代の先端を行く技術、企業、人材を輩出するイノベーションは、どのようにして生み出されるのでしょうか。以下ではその原動力を見ていくことにします。

---

### ビジネススクールの起業家講座

■90年代、各大学が優秀な学生を集めるため、Entrepreneurship（起業）関連の講座を拡充。
■大学では起業家精神、会社設立、技術革新への対応、ベンチャーキャピタル、経営戦略、組織管理等多彩な科目を提供。
■教授自身が起業の経験を有するほか、大学周辺に非常に多くのケーススタディがある。

---

近時のベンチャーブームも手伝って、全米500以上の大学において起業家講座が取り入れられています。スタンフォード大学の起業家講座は、教授陣にベンチャー企業の経験者も多く、産業界の状況を広く理解していることから、実際のケーススタディーを中心に行われる点が特徴です。しかも教授陣は、産業界とのネットワークが広く、起業に関する実践的なコンサルやアプローチ先の紹介も可能となるのです。単に経営の理論を教えることにとどまることなく、その先の起業へと直結しています。

次のページからはスタンフォード大学における起業家講座や起業支援組織などについて紹介していきます。

> ## スタンフォード大学の起業家講座
>
> ■講座そのものが起業化に直結。
> 　〜Stanford Technology Venture Program（STVP）〜
> 　12人の工学部の教授を中心に運営されている起業化講座
> 　大学から運営資金はほとんど出ないため、自分でスポンサーを探してくる必要がある。講座運営で起業に近い体験ができる。
> ■学生自身の起業化支援組織
> 　〜Business Association of Stanford Engineering Students（BASES）〜
> 　学生自身によって運営されるNPOで、ビジネスプランコンペや講演会の実施、就職情報の提供を行う。BASES自身が会社組織のように運営されている。
> ■学内に無数のセミナー、ビジネススクールの学生の約7割がベンチャー関連のクラブに加入。
> 　➡学内全体に雰囲気の醸成。人的ネットワークの形成。

　スタンフォード大学においては、あらゆる機会を捉えて、起業化に向けた雰囲気が醸成されています。近年、米国の多くの大学が起業家講座に力をいれています。スタンフォード大学と他の大学の本当の違いは、講座のテクニックそのものよりは、講座自体が実践に即した臨場感のある質の高いものであること、そして実際の起業に近い体験をすることで、起業に対する学内の雰囲気が高められている点です。学内には、正式な講座以外にも無数のセミナーが開催されている他、ビジネススクールの学生の約7割が、ベンチャー関係のクラブに入っていることも、こうした事実を裏付けるものです。さらに、こうした機会を通じて形成した人的ネットワークが、その後の起業のために大きな役割を果たしています。そしてスタンフォード大学の場合は、ヒューレット・パッカードの成功に始まり、最近では、ヤフー、グーグルといったベンチャー企業の成功例が身近にあることも、起業に対する意欲を一層高めることに繋がっています。

## スタンフォード大学のTLO

- ■1969年設立、ライマース氏によって本格的な活動を開始。
- ■スタッフ25人（専門家9人）
  理科系の博士号、大学・企業の双方での経験があるものが多い。
- ■TLOの収入：5,270万ドル（2002年）
  うち株式売却益41万ドル

　米国では現在、142のTLOが活動を行っています。この中にあって、最初に本格的なTLOを設置したのがスタンフォード大学です。1968年にスタンフォード大学のリエゾンオフィス（Sponsored Projects Office）に着任したライマース氏は、多くの発明がなにもされずに放置されている状態に気付きました。こうした発明を対象に技術移転を本格化することで収入を得て、さらに研究を強化するというシナリオを作り上げ技術移転を本格化させました。こうした結果、特許料収入等は毎年、順調に増加しており、2002年は5,270万ドルの収入を上げています。

　スタンフォード大学のTLOは、25名のスタッフを擁しています。米国の大学のTLOは、小規模なところで数人規模、MITなど大きな大学では数十人規模のところもあります。スタンフォード大学の場合、25名の内、9名のアソシエイトが特許に関するすべての交渉を受け持っています。アソシエイトの中には、理系の博士号を持っている者や、大学・企業両方での実務経験を有するスタッフもおり、まさにプロの集団です。

　スタンフォード大学のTLOでも、設立してから収支が黒字になるまでに約10年を要しました。前章でも触れたように米国の大学でも採算が取れているTLOは少なく、運営経費を大学の一般予算から出しているところが多いのです。スタンフォード大学からの技術移転では、史上最高額の収入を稼ぎ出した（トータル約277億円）コーエン・ボイヤーの特許（遺伝子組替え特許）が有名です

が、このような大ヒットはなかなか生まれないのが実情です。

---

### 大学発ベンチャーの設立パターン

■教授、卒業生、在校生が会社設立。
■既存のスタートアップ企業に技術供与。
　大学は、特許使用料の代わりに株式取得。
■大学の技術をもとに、大学内外のネットワークによって会社設立。

---

　最近、日本でも話題になっている、いわゆる大学発ベンチャーは、教授や在校生に加え卒業生が創業したものや、大学の技術をベンチャー企業に供与して創業するものなどが含まれています。いずれのケースにおいても大学を中心にしたネットワークを使って会社の設立が進められています。技術移転を実施する場合、ベンチャー企業の中には特許使用料を払える余裕がない企業もあるため、特許使用料の代わりに、その会社の株式を取得するケースも増えています。いわば出世払いといえる制度です。スタンフォード大学では76社（2002年8月末）の株式を保有しています。取得した株式を売却することで、2000年度は1,000万ドルを超える収入を上げました。また、スタンフォード大学は創業資金の提供やビジネスプラン作成を受け持つベンチャー支援企業とも提携し、教授などの大学関係者がベンチャー企業を立ち上げるのを支援しています。

　スタンフォード大学では、年間10社以上のベンチャー企業が設立されています。次ではスタンフォード大学からどのような形でベンチャー企業が生み出されたかをみていくことにします。

## スタンフォード大学が立ち上げたベンチャー企業の例（1）

■ヤフー社（Yahoo）～ポータルサイト

1991年　ジェリー・ヤン修士過程終了。

1992～3年　日本で遊学（スタンフォード京都センター勤務）。

1993年　ジェリー・ヤン　スタンフォード大学博士過程に復学。研究室横のトレーラーハウスでインターネットに没頭。

1994年　ヤフーと命名、友人の指導でビジネスプランを作成、VCの訪問を開始。

1995年　ヤフー設立。有力なVCセコイアキャピタルが出資。ソフトバンク等増資。

1996年　ナスダックに上場。

1997年　ジェリー・ヤン、共同創業者とともにスタンフォード大学に200万ドルを寄付。

　スタンフォード大学のベンチャー企業ではヤフーが有名です。ヤフーはスタンフォード大学の博士課程にいたジェリー・ヤン（当時28歳）とデビット・ファイロ（当時30歳）が起こした会社です。2人は研究室の横にあったトレーラーハウスでインターネットに没頭し、趣味で始めた検索サービスが人気サイトとなったため、事業化を決断したものです。友人の指導でビジネスプランを作成し、ベンチャーキャピタルを訪問しました。ほどなくベンチャーキャピタル大手のセコイアベンチャーキャピタルから資金提供がなされ事業がスタートします。ヤフーの成功は、名前の奇抜さと、検索そのものを無料にしたビジネスプランの巧妙さにあったといわれています。96年には日本のソフトバンクが増資を引き受けて成長を加速させ、95年の設立から僅か1年で、時価総額は800百万ドル（約960億円）にも達しました。97年に2人は母校のスタンフォード大学に200万ドル（約2億4千万円）を寄付しています。

> ## スタンフォード大学が立ち上げたベンチャー企業の例（2）
>
> ■グーグル社（Google）〜ポータルサイト
>
> 1995年　スタンフォード大学の2人の学生Larry PageとSergey Brinがインターネット検索技術を開発。スタンフォード大学のサイトに掲載したところ、反響が大きく商業化が確実と判断された。
>
> 1996年　スタンフォード大学TLOに対し、技術を開示。TLOは数社と交渉。金額面は問題なかったものの、確実に商業化できるかどうかの点で、相応しい会社が現れず。
>
> 1998年　技術の高度化を図りつつ、TLOと相談し会社設立。サン・マイクロシステムズの共同創業者アンディ・ベクトルスハイムが出資。
>
> 1999年　クライナー・パーキンズ・コーフィールド＆バイヤーズやセコイヤキャピタルが25百万ドルを出資し、事業は本格化。

　グーグル社は博士号取得を目指す2人の学生によって設立された会社で、高速インターネット検索技術を売り物にしています。2人の学生はヤフーの成功に憧れ、自分たちも必ず会社を立ち上げるという決意を持っていました。

　1995年にスタンフォード大学のサイトに掲載したところ反響が大きく、商業化は確実であると判断されたため、TLOに相談し技術移転を行う会社を探しましたが、なかなか条件が折り合いませんでした。その後もTLOと相談を続け、最終的には1998年に会社を立ち上げることになりました。1998年にはサン・マイクロシステムズのベクトルスハイムが出資を行ったのに続き、1999年には大手ベンチャーキャピタルのクライナー・パーキンズ・コーフィールド＆バイヤーズなどが出資し、事業を本格化させることができました。グーグル社の立ち上げについては、技術移転だけでなく幅広い支援を行うスタンフォード大学TLOの姿を見ることができます。

## スタンフォード大学が立ち上げたベンチャー企業の例 (3)

■アブリゾ社（Abrizio）～インターネット高速信号変換技術

1995年　ニック・マキオン教授はヒューレット・パッカードなどを経て、スタンフォード大学の工学部に着任。

1996年～シスコ・システムズ、テキサス・インスツルメンツの協力を得て、高速のネットワーク製品の開発を進める。

1998年　会社設立。TLOは株式取得により排他的なライセンスを実施。ニック・マキオン教授は、会社への技術指導（Chief Technical Officerに就任）のため2年間の休暇を取得。

1999年　ナスダックに上場している高速インターネット半導体メーカーに400百万ドルで買収される。

2000年　ニック・マキオン教授は大学に戻る。
スタンフォード大学は株式の持ち分を売却（9百万ドル）。

　アブリゾ社はスタンフォード大学工学部のニック・マキオン教授によって設立された会社で、インターネットの高速信号変換技術を売り物にしています。マキオン教授はヒューレット・パッカードなどで働いた後、1995年にスタンフォード大学の教授に着任しました。マキオン教授は会社設立後、2年間休職して会社の技術指導に専念しています。その後、会社は半導体メーカーに400百万ドル（約480億円）で買収され、マキオン教授は再び大学に戻って研究を続けることになりました。スタンフォード大学ではマキオン教授のように、企業、大学の間を柔軟に行き来することが可能です。スタンフォード大学も同社の株式を保有していたため、買収時には多額のお金が入ってきました。教授、大学、企業すべてにハッピーな関係ができあがったのです。

## スタンフォード大学が立ち上げたベンチャー企業の例（4）

■リジェル社（Rigel）～アミノ酸配列を基にした解析技術
・1996年、ノーラン准教授とバイオベンチャーの副社長によって設立。
・TLOを通じて技術移転。
・経営陣はCEO、COOともにバイオベンチャーの草分けであるジェネンティックの元役員、技術とビジネスの両バックグランドを持つ経験豊富な陣容

  CEO：James Gower  学歴：バイオサイエンス、MBA
            職歴：Tularikの元CEO、ジェネンティックの
               元VP
  CSO：Donald Payan  学歴：医学
            職歴：AxyS Pharmaceuticalの元VP
  COO & CFO：Brian Cunningham
            学歴：バイオサイエンス、法律
            職歴：ジェネンティックの元VP

・ノーラン准教授は同社に対して、週1回、技術顧問として参画。
・同社の戦略はコア技術を基に創薬を目指すものであるが、一方、一部の研究プロジェクトを大手製薬会社に売り込むことで収入を確保（ファイザー20百万ドル、ノバティス100百万ドル）。
・2000年　株式公開

　リジェル社は1996年にスタンフォード大学のノーラン准教授とバイオベンチャーAxyS Pharmaceuticalの元副社長であったDonald Payanの2人によって設立されたバイオベンチャー企業です。ノーラン准教授によって開発された技術を基に強力なマネージメントチームが形成され、バイオ分野で実績のあるベンチャーキャピタルの支援を受けて運営されている典型的なシリコンバレー型の企業です。当社の技術は不規則なアミノ酸配列を細胞内で発現させ、性質変化が出た細胞を拡大・培養し解析するものです。スタンフォード大学のTLOを通じて、当社に排他的なライセンスが実施されています。

同社の主要な経営陣では、CEO（最高経営責任者）、COO（最高執行責任者）ともにバイオベンチャーの草分けであるジェネンティックの元役員です。彼らは技術とビジネスの両バックグランドを持っており、極めて経験豊富な陣容であるといえます。

　設立者のノーラン准教授は、スタンフォード大学の医学部に現在も在籍しており、同社に対しては週1回、技術顧問として参画しています。同教授の研究室の卒業生がリジェル社に就職することもあり、同社と大学の間には極めて密接な関係が保たれています。

　同社の戦略はコア技術を基に創薬を目指すものですが、一方で、一部の研究プロジェクトを大手製薬メーカーに売りこむことで収入を確保しており、ファイザー製薬と20百万ドル（約24億円）、ノバルティスと100百万ドル（約120億円）の契約をそれぞれ成立させています。同社の製品が実用化されるのはまだ先ですが、同社の将来性は高く評価されており、2000年12月にはIPO（新規株式公開）を果たしました。

---

### スタンフォード大学のベンチャー企業立ち上げから言えること

■幅広い活動が可能なTLOの存在
■人材の流動化
■休職が容易
　日本の大学は、1度外に出ると容易に大学に戻れない。➡休職は取りにくい
■技術とビジネス経験の両方の資質を持つバイリンガルなマネージャーの存在

---

　スタンフォード大学のベンチャー立ち上げを見ると、いくつかの重要な要因が浮かび上がります。1つは特許の申請、技術移転先の開拓など幅広い活動を行っているTLOの存在があります。

2つ目は人材の流動化です。教授は企業と大学の間を往復しながら、必要に応じてベンチャー企業を立ち上げます。その場合にも大学は休職が取りやすい体制になっています。大学教授は最長2年間、ベンチャー企業設立のために無給ですが、休暇を取ることも可能です。また、一旦外部に出ても実力さえあれば、大学に戻ることも容易です。一方、日本の大学は教授との結び付きが強く（誰々教授の御弟子さん…など）、休職や大学の外に出ると、再び大学に戻って研究をするのは大変です。

　もう1つ大きな点は、会社設立の際に、技術とビジネスの両方をバックグランドを持つ人材がいるかどうかです。日本でも最近、技術経営（MOT）がいくつかの理系の学部で開講されているのは、こうした人材の重要性が認識され始めたからです。

---

### イノベーションを生み出す大学の本質

＜スタンフォード大学の場合＞
- ■マーケットメカニズム
　予算に関して大学のサポートは期待できない。➡大学は一種の大家
- ■産業界との自然な交流
　電気工学の教授のうち約3分の1が起業経験をもつ。
- ■国際感覚溢れたオープンな雰囲気
　理工学部の大学院生の約4割が外国人。

---

　米国の大学の教授は、教育、研究の仕事に加え、研究予算の確保などのマネージャーとしての活動も強く求められています。例えばスタンフォード大学工学部の場合、予算に関して大学からのサポートは24％程度で、連邦政府や企業からの委託研究が46％、残りが企業からの寄付などとなっています。大学からのサポートだけでは、研究にあてる予算は、大幅に不足するのが実情です。例

えば、博士課程の学生は週20時間まで、リサーチ・アシスタントとして教授のもとで論文を書く手伝いをすることができますが、教授は自分のお金で、この学生を雇わなければなりません。20年間で300誌に載せ、5～6冊の本を書くという平均的なスタンフォード大学の教授にとって、学生は実際の労働力として重要であり、雇えない場合には研究の量を減らさざるをえないのです。このように、お金の集まり方で研究のテーマが決まり、お金を集められる新しい教授が大学にやってくる、という徹底したマーケットメガニズムが働いています。

　スタンフォード大学では設立以来、産業界で実際に役立つ技術、ビジネスを生み出そうとする意識が非常に強いのです。スタンフォード大学の関係者（教授、学生など）によって生み出された多くのベンチャー企業の成功例が大きな刺激となって、ベンチャー企業を起こそうとする意識が、自然なうちに醸成されています。教授のビジネス活動についても、ディスクロージャー（公開）を徹底させるなど一定の条件のもとで容認されており、起業のために無給の休暇を取ることや、企業の役員になることも可能です。教授陣には産業界のバックグランドを持った人が多いだけでなく、実際の起業経験がある教授も多いのです。電気工学の教授60人の内、約3分の1が起業経験を持っていると言われています。このような形で産業界との交流がごく自然に図られています。

## ベンチャー創造の社会背景（1）

■流動性（Mobility）
・人材の流動性
・大学が人材輩出、再教育、流動化の起点
・技術の流動性
・技術の民間への移転、技術を持った人材が移動
・ビジネスの流動性
・M＆A、スピンオフ
・資金の流動性
・スタートアップ、成長にあわせて必要な資金が供給される。

　ベンチャー企業が作られる社会的背景について考えてみることにしましょう。ベンチャー企業を生み出すことが容易な場所は、人材、技術、ビジネス、資金のそれぞれについて流動性が確保されている地域なのです。

　米国においては、教授や研究者がビジネス界と大学の間をよく行き来しますが、その中でも大学は、人材流動化の起点となっています。技術に関しても、TLOを通じて産業界への技術移転がさかんに行われています。ビジネスについては、企業、大学からスピンオフ企業の設立が容易であり、またM＆A（買収・合併）なども頻繁に起こっています。ビジネスに必要な資金に関しても、ベンチャーキャピタルが数多く存在し、会社の形態に応じた多様な資金供給が可能になっています。

---

### ベンチャー創造の社会背景（2）

■大学の持つ開放性（Openness）
1. 教授、学生の上下関係が自由
2. 外国人教授、学生の活躍
3. 地域社会と密接な関係
4. 産業界との結びつき

---

　もう1つの重要な社会的背景は大学の持つ開放性です。大学は、民間企業と比べてもフラットな組織です。また、地域社会や産業界等の外部に対しても開かれた組織となっています。米国の大学では教授、学生の上下関係が自由で、学生が就職のために必要な科目を大学側にアピールすることもよくあります。開放性だけの話ではありませんが、学生は非常に積極的で、授業中、自分が解らないと、いつまでも質問を続けます。教授から「授業の後で来るように」といわれてやっと引き下がる光景がしばしば見られます。また、教授の間でも開かれた関係が出来上がっており、外からやって来た教授に対しても分け隔てなく接します。日本の大学では、外からやって来た教授は大学の輪の中になかなか溶け込めず、5年ぐらいかかってやっと認められたという話さえあります。日本の大学も、最近の大学改革などの流れの中で変化の兆しはありますが、依然として古い体質は残っています。

　地域社会との関係も同様で、日本の大学は基本的に中央を向いて仕事をする傾向があります。その地方の抱えるさまざまな問題に答え、地域と積極的な連携を図るような役割を果たしている大学は多くはありません。

## スタンフォード大学とシリコンバレーの関係

■情報が組織の中だけにとどまらないオープンなネットワーク
■多くの人種・国籍の人が集ることで、多くの価値観がぶつかりあい、イノベーションが生まれる。

　スタンフォード大学がシリコンバレー形成のために、大きな役割を果たしてきたことは間違いありません。しかしながら、大学さえ設置すれば、大学発のイノベーションが起こり、シリコンバレーのような地域が形成されるというものではありません。スタンフォード大学のあるシリコンバレーは、企業と大学が相互にメリットを受けるシステムを土台として、情報が組織の中だけにとどまることのないオープンなネットワークが存在しています。また、多くの人種・国籍の人が集り、多くの価値観がぶつかりあうことよって、より大きなイノベーションが生まれているのです。シリコンバレーの人種構成は、白人54％についでアジア系が約25％を占めています。その比率もこの10年で17％から大幅にアップしています。この増加の大半が中国人、インド人によるもので、90年代以降のシリコンバレーの成長を支えているといわれています。さらに人種、性別、年齢を問わず、実力があれば成功するチャンスがあるという競争的な環境があります。マーケットメカニズムが浸透している米国の中でも、それが最も徹底しているのがシリコンバレーなのです。こうした環境を求めて、全米さらには世界中から人、技術、アイデアが集って、新しいビジネスが連続的に生まれています。こうしたビジネス環境に惹かれて、ベンチャーキャピタル、会計士、弁護士などのインフラは、一層集積することになりますが、これがさらにイノベーションを加速させることになります。

　シリコンバレーにおいて、大きなイノベーションが生まれるのは、スタンフォード大学の存在に加え、こうした地域の環境が相俟って初めて可能になるのです。地域の中核となる大学の存在は、シリコンバレー形成のための必要条件ではありますが、十分条件ではありません。

## 6. シリコンバレーの現状と今後

### シリコンバレーの最近の状況
1. バブル崩壊
    - ベンチャー資金の低迷
    - 人員整理
2. 生活面での環境改善
3. 次世代のネタ探し

　ITバブルの崩壊は、シリコンバレーの企業に大きな影響を与えました。人員削減やベンチャー資金が急速に削減されたことにより、多くのベンチャー企業に影響が出たのです。一方、シリコンバレーという地域の生活面やビジネス環境に限定してみれば、プラスの面を見つけることもできます。バブル期の極度な交通渋滞が緩和したこと、家賃の高騰に歯止めがかかり低下に転じたことなど生活面での環境が改善しています。前にも述べたように数年前には域内の異常な家賃の上昇で、給与水準が高くない公立高校の先生が近隣に住めなくなるという問題が生じました。ここ数年の加熱した求人状況も改善されています。バブル期には1年間でパートタイム労働者の3分の2、フルタイム労働者の3分の1が入れ替わる状況がありました。極端な話としては、毎日、誰がオフィスに来るのか分からないという状況でした。「ITバブルの崩壊でやっと落ち着いて仕事が出来る」というマネージャーさえいるのです。シリコンバレーにおけるITバブルの加熱した状況は、同地域の長期的な成長にとって、大きな阻害要因になるといわれていました。それだけに、今回のITバブルの崩壊でシリコンバレーはやっと落ち着きを取り戻し、生活面・ビジネス面などのインフラの整備が進むことは、地域にとってもプラスと考えられます。最近、各種のセミナー会場はどこも一杯であるという話を聞きます。これはシリコンバレーのビジ

ネスマンが、次の商売のネタを探しに会場に押しかけているからだと思われます。シリコンバレーはIC、パソコン、インターネットの後に来る次世代のヒット商品の出現を待っているところです。

---

### 日本にシリコンバレーは作れるか？

■コンサルタント、弁護士、会計士などのビジネスインフラが必要。
■国籍・人種・年齢を問わず実力あるものを受け入れるカルチャー
■徹底した市場メカニズム
　こうした面を地域、大学が受け入れて始めてシリコンバレーの形成は可能になる。

---

　最近、日本の多くの自治体において、大学を核にした地域振興を図る動きが見られています。今までの工場誘致を中心とした地域振興ではなく、地元の大学にある技術などを活かしてベンチャー企業を育成することで、地域の主体的な発展を促そうという試みです。この試み自体は、従来型の地域振興策に比べれば、前進はあるものの、大学と言うハードさえあれば（ないし作れば）、大学発のベンチャー企業が生まれ、大きなイノベーションが起こる、と考えるのは早計といえます。この発想では、今までと同様の失敗を繰り返すだけでしょう。

　今まで見てきたように、産業クラスター形成のためには、大学を核として周辺にベンチャーキャピタル、コンサルタント、弁護士、会計士などを中心としたビジネスインフラの集積が非常に重要です。自治体が地域に不足しているビジネスインフラを補うことで、産業クラスターを形成することは可能かもしれません。米国においても、ソルトレークシティーのように州政府が主導的な役割を果たすことで、周辺のビジネスインフラ整備を進めて、一定の成功を収めている例は見受けられます。しかしながら産業クラスターをさらに維持、成長させていくには、周辺のビジネスインフラの整備を行うだけでは不十分です。

ビジネスインフラを活性化し、イノベーションを生み出す地域の環境を作ることが必要となります。国籍、人種、年齢を問わず、実力のあるものを受け入れるオープンなカルチャー、徹底した市場メカニズムなど、こうした環境があってはじめて、これらの仕組みからイノベーションが起こり、地域の発展が可能となるのです。スタンフォード大学を見て、仕組みだけを真似しても、決して第2のシリコンバレーを作ることはできないでしょう。地域、大学がそれぞれオープンなカルチャー、徹底した市場メカニズムといった環境を受け入れて初めて、シリコンバレーのような地域の形成が可能になるのです。

# 第4章　ベンチャーキャピタル

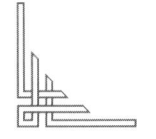

1．「投資」とはなにか
2．ベンチャーキャピタル（VC）とは
3．我が国のベンチャー投資の状況

# 1．「投資」とは何か

### 投資の定義
■投資といって思いつくのは……宝くじ、競輪・競馬、パチンコ　？？？
■投資…「利益を得る目的で事業に資金を投下すること」(広辞苑)
　➡経済的なリターンを求めてリスクのあるものにお金を投入する。
■投資の原則は、「ハイリスク・ハイリターン」
　　　　　　　　「ローリスク・ローリターン」
■期待値：Σ（ある事象が起こる確率×その事象が起こった時の値）
■リスクとは：「収益の変動性」
　➡それぞれの事象のばらつき具合＝分散

　では、そもそも投資とは何でしょうか。投資と聞いて、宝くじや競馬などを思い浮かべた方もいらっしゃるかもしれません。こうした種類のものは、どちらかというと投資というよりはギャンブルといえます。辞書には、「利益を得る目的で事業に資金を投下すること」と書いてあります。もう少し、経済学的に定義すれば、経済的なリターンを求めてリスクのあるものにお金を投入することといえるでしょう。例えば、大学に通うことも、投資といえるかもしれません。大学に授業料を支払い知識を身につけることで、将来、高い収入を得ることを意図していることは、一種の投資といえます。

　投資の原則は、ハイリスク・ハイリターンかローリスク・ローリターンです。高い収益が予想されるとは、期待値が高いと言い換えることができます。期待値は、ある事象が起こる確率に、その事象が起こった場合の値を掛け合わせたものです。また、リスクが高いとは、収益の変動性が大きいことです。

## 期待値の計算

■硬貨を投げて裏表により賞金の出るゲーム
①表が出たら100円もらえる、裏が出たら何ももらえない。

期待値＝表が出る確率50％×100円＋裏が出る確率50％×0円＝50円

②参加料100円を払い、表が出たら300円、裏が出たら50円もらえる。

期待値＝表の確率50％×（300－100）＋裏の確率50％×（50－100）＝75円

➡②の方が期待値が高い。

■手元の資金100万円を1年間運用する場合、1年後の受取金の期待値
③金利1％の国債（元利償還不能のリスク0％）で運用。

期待値＝100万円×1.01＝101万円

④金利20％の社債（ただし会社の倒産により元利償還不能のリスク15％）で運用。

期待値＝100万円×1.2×（1－0.15）＝102万円

➡④の方が期待値が高い。

---

期待値について、具体的にみていきましょう。

コインを投げて表か裏かで、賞金が異なるゲームを考えてみましょう。表が出たら100円、裏が出たら何ももらえないというゲームの期待値を考えます。期待値は、このゲームを何十回、何百回と繰り返した場合、平均的に期待される値のことですから、表と裏の出る確率はそれぞれ50％だといえます。結果は上記の①のように、50円となります。次にルールを変えて、参加料100円を支払い、表が出たら300円、裏が出たら50円というゲームの期待値はいくらになるでしょう。上記の②のように期待値は75円となります。

授業で学生に、どちらのゲームに参加したいかを尋ねると、①の方が多いこともあります。期待値は②のほうが高いのに、①を選ぶのは、心理的な要素も

加わっていると考えられます。

次に手元に100万円があるとして、どう運用するかという例です。③では国債（リスクは0とします）を購入することで、1年後には金利1％が付き101万円となります。④では、金利20％の社債を購入することで運用する場合です。金利20％がつくような会社は、倒産する可能性が高く、ここでは会社倒産による元利償還不能リスクを15％としています。85％の確率で120万円、15％の確率で0円となるので、期待値は102万円となります。

---

### リスク（「分散」の値）の計算

■分散の計算＝ばらつき具合
　➡平均値（期待値）からの乖離の値を自乗したものの加重平均（分散の「正」の平方根をとったものが「標準偏差」）
①硬貨を投げて裏表により賞金の出るゲームで、表が出たら100円もらえる、裏が出たら何ももらえない。
　・表の場合：（100円－平均値50円）$^2$＝2,500
　・裏の場合：（　0円－平均値50円）$^2$＝2,500
　分散：2,500×50％＋2,500×50％＝2,500（標準偏差＝50）
②参加料100円を払い、表が出たら300円、裏が出たら50円もらえる。
　・表の場合：（200円－平均値75円）$^2$＝15,625
　・裏の場合：（－50円－平均値75円）$^2$＝15,625
　分散：15,625×50％＋15,625×50％＝15,625（標準偏差＝125）

---

リスクとは統計学でいう分散にあたります。分散とは期待値からの乖離の値を自乗したものの加重平均のことです。

具体的な計算例でみていきましょう。前ページでも使った例で考えます。①では期待値が50円でしたので、表の場合はもらえる100円から期待値の50円を

差し引き、それを自乗するので2,500になります。裏の場合は、何ももらえませんので0円から期待値50円を差し引き自乗し2,500となります。それぞれの確率は50％なので、加重平均すると、2,500となります。ちなみに標準偏差は分散の「正の」平方根ですので50円となります。

　②の場合は、期待値が75円で、表の場合200円、裏の場合－50円ですから、それぞれ自乗した値が15,625となり、それぞれの確率は50％ですので、分散は15,625円となります（標準偏差は125円）。

　①と②を比較すると、②のほうが分散が大きい（＝リスクが高い）ことがわかります。

## 2. ベンチャーキャピタル（VC）とは

### ベンチャーキャピタルの定義
- 未公開（プライベート）の成長企業へエクイティによる資金提供＝投資を行い、キャピタル・ゲインを得る事業
- ベンチャー企業経営（技術・市場・ファイナンス・法務など）に関する専門性を持ち、社外取締役就任などを通じて経営のサポートを行うことで、投資先企業の価値の創造や付加を行う。
  - ➡ベンチャー企業とリスクマネーを結びつけるプロバイダー
- 近代的な意味でのVCとしては、第二次大戦後の米国ボストンにおいて設立されたAmerican Research & Development（ARD）が一般にその起源とされる。
- 歴史をさかのぼると、コロンブスの新大陸発見に向けた航海に対して、スペインのイザベラ女王が資金提供したのが起源という説もある。

　ベンチャーキャピタルとは、未公開の成長企業に対して、エクイティによる資金提供、すなわち投資を行い、キャピタルゲインを得ることを専門的に行う会社を指します。ただし、ただ資金を提供するだけではなく、技術、ファイナンス、法務など様々な面において経営を直接サポートし、投資先企業の価値を向上させることを行うケースもあります。

　ベンチャーキャピタルの起源は、第二次世界大戦後の米国ボストンにおいて設立されたAmerican Research & Development（ARD）といわれています。しかし、それ以前に、事業に対してリスクマネーを供給するベンチャーキャピタルのような仕組みが全くなかったのかというと、そうではありません。歴史をさかのぼると、コロンブスの新大陸発見の航海にベンチャーキャピタルと似た仕組みを見ることが出来ます。コロンブスが航海を行う際に、全ての資金を自分で用意することはできなかったので、スペインのイザベラ女王に新大陸を発見した

場合の莫大な利益を説明し、資金提供を受けています。こうした仕組みはベンチャーキャピタルの起源といえるでしょう。

---

### ベンチャーキャピタル設立の理念と実績

■ARD設立の契機となったラルフ.E.フランダース（ボストン連銀総裁）の提案
「アメリカのビジネス、雇用、国民の繁栄は、自由な企業体制のもとで新しい企業が続々と生まれてくることで保証される。将来にわたって既存の大企業の成長だけに依存する事はできない。新しい力、エネルギー、才能を吸収しなければならない。支援を求める新しいアイデアのために、莫大な機関投資家資金の一部を投資するための仕組みを作らねばならない。」

■ARDの代表的な投資成功事例
1957年にDEC社設立時に7万ドルの投資を行い、これが1972年に3億5,000万ドルになる（15年間で5,000倍）。

---

それでは、ベンチャーキャピタルの起源といわれるARD（American Research & Development）についてみていきましょう。

ARDは、ボストンの連邦準備銀行総裁をしていたフランダース氏が、全米証券業協会の会合で設立を呼びかけたことが契機となっています。その趣旨は、アメリカのビジネス、雇用、国民の繁栄は、大企業だけでなく新しい企業が続々と生まれることで維持されるのだから、新しい企業を作ろうとする事業家に資金がまわるような仕組みを作らなければならないというものでした。ハーバートビジネススクールの教授や多くの実業家がこの趣旨に賛同し、ARDは設立へと至りました（1946年）。

ARDの投資で代表的な成功事例は、DEC社への投資です。1957年、当社設立

の際にARDは7万ドルを投資しました。その後、同社は大きく成長し、15年後の1972年にARDが処分した株式は3億5,000万ドルとなり、実に5,000倍ものリターンをもたらしました。

## 米国ベンチャーキャピタルの歴史

| 年　代 | 事　　　柄 |
| --- | --- |
| 1940〜'50 | '46　American Research & Development Corp.（ARD；ボストン）設立 |
| '60 | ——第1次発展期（50年代末〜60年代初）——<br>　独立系VC中心、大企業・金融機関も参入<br>——第2次発展期（60年代後半）——<br>'69　Arthur Rockにより最初の投資事業組合（サンフランシスコ）設立 |
| '70 | ——沈滞期（70年代前半）——<br>'73　全米ベンチャーキャピタル協会設立<br>'74　年金基金のベンチャーキャピタル投資制限<br>——第3次発展期——<br>'78　キャピタルゲイン税率引き下げ<br>　　　年金基金の投資制限緩和 |
| '80 | '80　中小企業投資促進法<br>（'80〜'84）ブーム期 |
| '90〜 | '94　NASDAQ売買株式数が初めてNYSE（ニューヨーク証券取引所）を上回る<br>'90年代半ば〜VCファンドへ大量の資金流入 |

　ARDの成功もあり、60年代にアメリカでは多くのベンチャーキャピタルが設立されました。しかし、70年代に入ると、ベンチャーキャピタルの活動は沈滞していきます。それは、1969年にキャピタルゲインに対する税率が25％から49％へと引き上げられ、投資事業のうまみが小さくなったことが大きな要因といわれています。その後、キャピタルゲインに対する税率は、78年に28％、81年に20％まで引き下げられ、ベンチャーキャピタルの活動は再び活発化しました。

　80年代後半に再び停滞しましたが、90年代に入りアメリカが好景気を迎えたこともあり、ベンチャービジネスはこれまで以上に注目されるようになりまし

た。ベンチャー企業の多くが株式を公開するNASDAQの取引も活発化し、94年にはニューヨーク証券取引所の取引量を上回るほどの勢いとなりました。90年代半ば以降、規模・分野の面においてベンチャーキャピタルの活動が多様化する中で、かつてないほどの大量の資金が流入しています。

## わが国ベンチャーキャピタルの歴史

| 年　代 | 事　柄 |
| --- | --- |
| 1960 | '63　中小企業投資育成会社（東京・大阪・名古屋）設立 |
| '70 | ──第1次設立VCブーム──<br>'72　京都エンタープライズデベロップメント（KED）設立、日本エンタープライズデベロップメント（NED）設立<br>'73　日本合同ファイナンス（JAFCO）設立<br>──沈滞期──（第1次石油ショックによる不況）<br>'75　（財）ベンチャーエンタープライズセンター設立（ベンチャー企業への無担保債務保証事業）<br>'79　KED解散 |
| '80 | ──第2次VCブーム──<br>'81　新株引受権付社債（ワラント債）の発行解禁<br>'82　我が国初の投資事業組合設立<br>'83　株式店頭市場の公開基準大幅緩和<br>'86　ベンチャー企業の倒産続出 |
| '90〜 | ──第3次VCブーム──<br>'97　エンジェル税制創設<br>'98　投資有限責任組合法<br>'99　東京証券取引所マザーズ創設<br>2000　ナスダックジャパン創設 |

　日本における過去3回のベンチャーブームについては第1章で見ましたので、ここではベンチャーキャピタルを中心に見てみましょう。日本のベンチャーキャピタルの起源は、1963年に中小企業投資育成株式会社法が制定され、投資育成会社（東京、大阪、名古屋）が政府出資により設立されたことです。しかし、当時の投資育成会社の狙いは、ベンチャー企業に投資してキャピタルゲインを狙うというよりは、自己資本が不足している中小企業に対して、政府が自己資本を注入するということを目的としていました。そうした意味からは、日本で

最初に作られたベンチャーキャピタルは京都エンタープライズデベロップメント（KED）です。京都の財界人が、姉妹都市であるボストンに視察に行った際、ARDのことを知り、是非、日本にも同様の仕組みを作ろうという趣旨で設立されました。また、この時期に金融機関が業務拡大の一環としてベンチャーキャピタルを設立しました。しかし、こうした第1次ブームは石油ショックとともに終焉することになり、KEDも1979年に解散を余儀なくされています。第1次ブームの頃は、ベンチャーキャピタルの業務は、ベンチャー企業に対する投資よりは融資が中心でした。これは、当時は株式公開のハードルが非常に高く、それをクリアーするまでに成長する企業が少なく、仮に株式公開ができたとしても時間が掛かりすぎるため、ベンチャーキャピタルとして経営が成り立たないことが要因でした。

### ベンチャーキャピタル運用残高ランキング

| 順位 | 企業名 | 2002年9月末残高（億円） |
|---|---|---|
| 1 | ジャフコ | 2,109 |
| 2 | ソフトバンク・インベストメント | 1,856 |
| 3 | 東京・名古屋・大阪中小企業投資育成 | 1,025 |
| 4 | エヌ・アイ・エフベンチャーズ | 901 |
| 5 | JAIC | 765 |
| 6 | みずほキャピタル | 636 |
| 7 | 日興キャピタル | 344 |
| 8 | オリックス・キャピタル | 282 |
| 9 | ダイヤモンド・キャピタル | 272 |
| 10 | エイパックス・グロービス・パートナーズ | 217 |

出所：トムソンファイナンシャル調査

また、当時はベンチャーキャピタル自身の資金調達の問題もありました。資金は自己資本か、銀行などからの借入しかありませんが、成果を得るまでに時間がかかるため、ある程度の会社規模と自己資本を用意する必要がありました。

第2次ベンチャーブームでは、80年代半ばに約60社のベンチャーキャピタル

が設立されました。これは、店頭市場での公開が以前より容易になったこと、投資事業組合方式による投資が認められたこと、新株引受権付社債（ワラント債）の発行が可能となったことが要因として挙げられます。

第3次ベンチャーブームでは、90年代後半から100社以上のベンチャーキャピタルが設立されました。この背景には、エンジェル税制創設、中小創造法や投資有限責任組合法の制定、加えて東京証券取引所にマザーズ、大阪証券取引所にナスダックジャパン（現ヘラクレス）が創設されたため、より株式公開が容易となったことがあります。前記は運用残高の多いベンチャーキャピタルのランキングですが、現在、日本では中小も含め約200社のベンチャーキャピタルが活動をしています。

## PEファンドへの資金の出し手

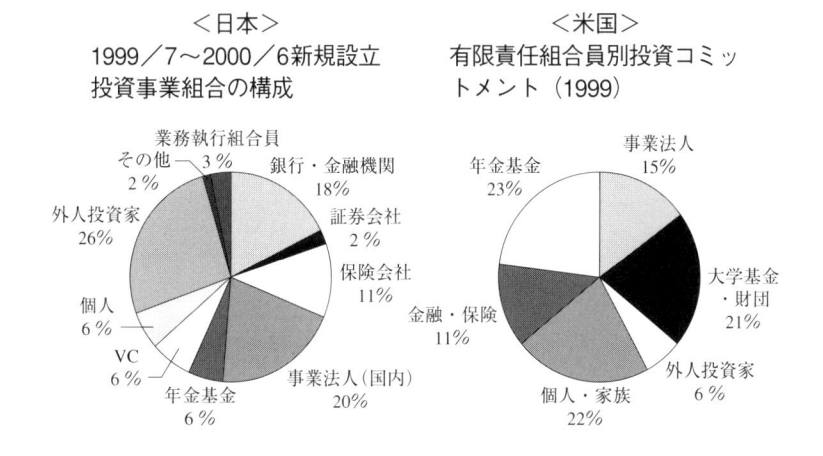

＜日本＞
1999／7～2000／6新規設立
投資事業組合の構成

- 業務執行組合員 3%
- その他 2%
- 銀行・金融機関 18%
- 証券会社 2%
- 保険会社 11%
- 事業法人（国内） 20%
- 年金基金 6%
- VC 6%
- 個人 6%
- 外人投資家 26%

＜米国＞
有限責任組合員別投資コミットメント（1999）

- 年金基金 23%
- 事業法人 15%
- 大学基金・財団 21%
- 外人投資家 6%
- 個人・家族 22%
- 金融・保険 11%

次に、ベンチャーキャピタルを含むプライベートエクイティについてみていきましょう。プライベートエクイティとは未公開企業に対する株式投資のことを指します。プライベートエクイティには、ベンチャーキャピタルの資金以外に、企業の買収のための資金を投資家から幅広く集めて運用するLBO（レバレッジド・バイ・アウト）ファンドや、最近日本でも注目されている企業再生

（ターンアラウンド）のためのファンドがあります。

　プライベートエクイティへの資金の出し手に関して、日米の違いをみてみましょう。日本は銀行、保険会社、事業法人など法人が過半数を占めています。一方、米国では個人投資家の割合が高くなっています。年金基金、大学などの機関投資家が大きな割合を占めているのも特徴です。

---

### 日米ベンチャーキャピタルの相違

■日本のVC
　もともと金融機関の系列で設立されたものが多く組織的な運営が中心（案件開拓、審査、資金調達など組織内での役割分担）。
　投資先は必ずしも急成長を目指す企業に限らず、経営への関与は少ない。70～80年代には中堅企業の株式公開支援が中心。

■米国のVC
　ベンチャーキャピタリストと呼ばれる独立した少人数の個人によるパートナーシップによる組織が中心。起業家のビジネスプランを細かく審査した上で投資の判断を行い、投資先の経営に深く関与する（ハンズオン投資）。

---

　日本の多くのベンチャーキャピタルは、金融機関の別働隊という形で設立された経緯があります。そのため、70年代、80年代の日本のベンチャーキャピタルは案件を開発してくる営業部隊、営業部隊が持ってきた案件を審査する部隊、資金を調達する部隊と組織内で役割分担がなされていました。職員も銀行から出向人事のような形で何年か在籍したら親会社に戻ってしまうケースも多く、ベンチャーキャピタルの仕事を専門的に行う人が育たない仕組みになっていました。近い将来、株式公開ができそうな企業を中心に投資を行い、経営にはあまり関与せず、株式公開の指導だけをするという意識が強かったのです。

一方、米国では、ベンチャーキャピタリストといわれる独立した少人数の個人が、パートナーシップで組織を作り、投資案件の発掘から審査、契約、経営関与までを行うハンズオン投資が典型的なベンチャーキャピタルの仕事です。投資先企業の価値を向上させ、投資回収を最大限にしようとしているのです。従って、米国のベンチャーキャピタリストの投資プロセスを段階順に分けていくと、①投資案件のふるい分け（Screening）、②投資案件の評価・検討（Evaluation）、③投資案件の審査（Due diligence）、④契約締結（Deal Structuring）、⑤投資後の活動（Post－investment activities）となります。

最近では日本でも、大手ベンチャーキャピタルからのスピンオフや起業経験のある他業種の人材がベンチャーキャピタリストとして独立するケースが増えています。こうしたベンチャーキャピタリストは得意の専門領域での経験を活かし、企業の社外取締役や監査役に就任し、ベンチャー企業を育成するやり方（ハンズオン）をとっています。

## 投資事業組合の概要

VCが投資を行うための資金調達方法として、自己資本でも借入金でもなく、外部投資家の資金を集める方法が必要。

■米国では、VC投資はリミテッド・パートナーシップ（Limited Partnership）の形態による投資が一般的（一般の投資家は出資額以上の責任を負わない）。

■我が国では、1982年に米国のリミテッド・パートナーシップに倣って、民法上の組合組織による投資事業組合を作り投資家の資金を集める方法を開始。民法上では組合員全員が無限責任を負うが、組合の規定により業務執行組合員（ジェネラルパートナー）以外の組合員は、有限責任としている。

➡98年に「投資有限責任組合法」が施行。

■組合の存続期間は一般に10年間、延長も可能。

■ジェネラルパートナーは、規約により集めた投資資金の中から毎年3％程度の管理手数料を徴収するのが一般的。

ベンチャーキャピタルの資金調達は、投資事業組合という形で集めることが多くなっています。これは、自己資本でもなく、借入金でもなく、外部から資金を集める方法です。

　もともと、米国ではリミテッド・パートナーシップ（有限責任組合員）という形で1969年から行われるようになった制度で、一般の投資家は出資額以上の責任を負わない仕組みです。

## 投資事業組合の仕組み

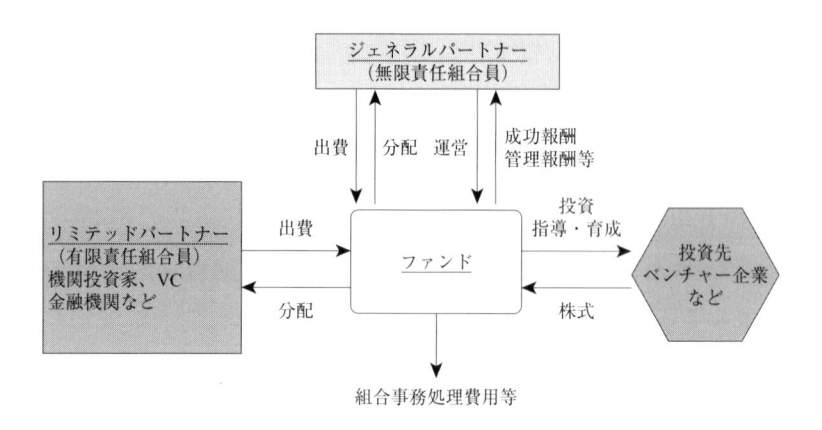

```
                    ジェネラルパートナー
                    （無限責任組合員）
                 出費  分配  運営  成功報酬
                                  管理報酬等
                                          投資
                              ↗  指導・育成
  リミテッドパートナー   出費                    投資先
  （有限責任組合員）  ────→   ファンド   ────→  ベンチャー企業
  機関投資家、VC                                  など
  金融機関など      ←────            ←────
                     分配              株式
                        組合事務処理費用等
```

　日本でこうした仕組みが活用されるようになったのは、1982年のことです。米国の仕組みにならって、民法上の組合に関する規定を使い、投資事業組合を作りました。民法上の組合は　組合員の責任範囲が不明確で、債権者が組合員の債務負担割合を知らなかった場合、組合員全員に対して均一の請求を出来ることになっています。さらに民法上の組合員には組合の財産を検査する権利がありますが、適正な会計帳簿などを担保する規定がないため検査権の実効性が薄いものでした。このような問題があったため、1998年には、ベンチャー企業向け投資を念頭においた投資有限責任組合法が施行されました。

　組合の中には最低一人無限責任を負う人が必要で、ジェネラルパートナー（GP）と呼ばれています。ファンドを運用する報酬として、管理手数料（運用

資金の3％程度）を受け取ります。有限責任組合員（LP）と無限責任組合員（GP）がそれぞれ資金を出し合ってファンドを作り、ファンドからベンチャー企業に資金が投資されるのです。

## 投資事業組合の状況

| | 2001年9月末 | 2001/10～02/09 設立した組合 | 2001/10～02/09 期間満了の組合 | 2002年9月末 |
|---|---|---|---|---|
| ファンド数 | 358件 | 61件 | 20件 | 391件 |
| 延べ組合員 | 2,838人 | 530人 | 336人 | 2,943人 |
| ファンド総額 | 1兆2,705億円 | 1,376億円 | 1,014億円 | 1兆3,016億円 |

注）すべてに回答していないものもあるため、期末の数値とフローの内訳は一致しない。
出所：（財）ベンチャーエンタープライズセンター「ベンチャーキャピタル投資動向調査」

## 3．わが国のベンチャー投資の状況

**わが国VCの年間投融資額推移**

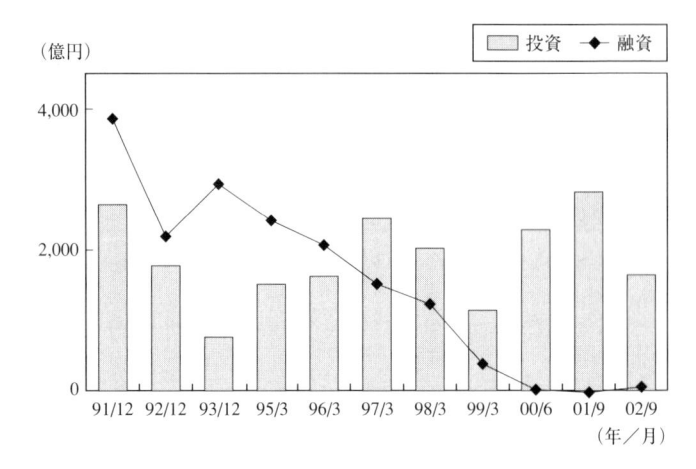

(億円)  投資 ◆融資

出所：VECベンチャーキャピタル投資動向調査

　90年代半ばまでは、ベンチャーキャピタルによる融資額が投資額を上回っていました。この時期はベンチャーキャピタルが不動産担保融資を行っていたためで、バブル崩壊による不動産投資の縮小によって、融資残高は減少しています。ベンチャーキャピタルは本来的には、キャピタルゲインやファンドの管理手数料で収益をあげます。しかしこの時期、日本のベンチャーキャピタルの多くは、キャピタルゲインや管理手数料だけでは、十分な収益を上げることができず、融資などで収益を補っていました。90年代後半になると、融資額は急速に減少しました。東証マザーズなどの市場の整備が進み、ベンチャー育成の環境が徐々に整っていく中で、ベンチャーキャピタルが本来の姿に近づいたといえます。

## わが国VC投資の本体・投資事業組合内訳

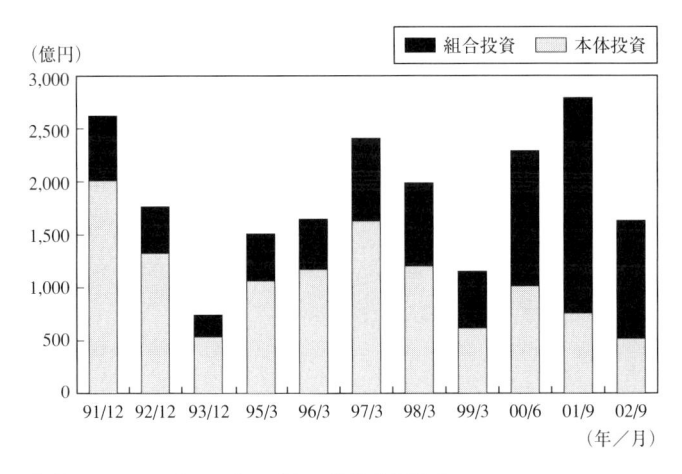

出所：VECベンチャーキャピタル投資動向調査

　わが国のベンチャー投資は毎年2,000億円前後で推移し、残高ベースでは1兆円に達しています。ベンチャーキャピタルからの直接投資と投資事業組合の比率を見ると、投資事業組合による割合が年々高まっています。投資有限責任組合法が制定され、徐々にそのやり方が浸透してきた結果といえます。投資のステージで見ると（次ページ参照）、従来はバランス型が圧倒的に多かったのですが、近年はシードやアーリーステージに重点を置くものが増えています。シードやアーリーステージは成功すればリターンが大きい反面、リスクも大きいのです。十分な目利きやハンズオンが必要になりますが、これに対応するファンドが徐々に増えている結果です。また、大学発ベンチャーなどに注目したファンドが出てきていることも一因でしょう。投資先分野では（次ページ参照）、半導体、インターネットなどIT分野への投資が過半数を超えています。本体投資と組合に分けてみると、本体投資は製造業やサービス向けの比率が高くなっています。

## 投資ステージ別推移

(年)

|  | 90 | 91 | 92 | 93 | 94 | 95 | 96 | 97 | 98 | 99 | 00 | 01 |
|---|---|---|---|---|---|---|---|---|---|---|---|---|
| バランス | 7 | 5 | 4 | 2 | 1 | 7 | 13 | 12 | 1 | 7 | 9 | 2 |
| レイター | — | — | — | — | — | 1 | — | — | — | 1 | — | 1 |
| アーリー | — | — | — | — | — | — | 2 | — | 1 | 3 | 12 | 6 |
| シード | — | — | — | — | — | — | 1 | — | — | — | 3 | 1 |
| 合　計 | 7 | 5 | 4 | 2 | 1 | 8 | 16 | 12 | 2 | 11 | 24 | 10 |

注）2001年は1～9月
出所：ベンチャーキャピタル投資状況調査

## 新規投資分野（2000年10月～2001年9月）

(%)

| 分　野 | 本　体 | ファンド | 合　計 |
|---|---|---|---|
| バイオ | 2 | 4 | 4 |
| ビジネスサービス | 14 | 8 | 11 |
| 通信 | 6 | 7 | 7 |
| コンピュータ | 10 | 19 | 15 |
| 消費者関連 | 7 | 4 | 5 |
| 製造 | 14 | 5 | 9 |
| 医療、ヘルスケア | 3 | 6 | 5 |
| インターネット | 9 | 19 | 15 |
| 半導体 | 19 | 16 | 17 |
| 輸送 | 1 | 5 | 3 |
| その他 | 15 | 7 | 9 |
| 合計 | 100 | 100 | 100 |
| うちIT関連 | 43 | 61 | 53 |

出所：ベンチャーキャピタル投資状況調査

## 我が国VCの投資ステージ

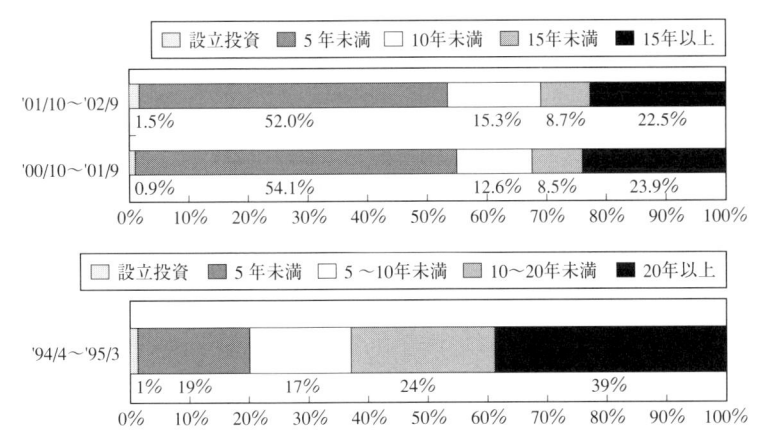

| 期間 | 設立投資 | 5年未満 | 10年未満 | 15年未満 | 15年以上 |
|---|---|---|---|---|---|
| '01/10～'02/9 | 1.5% | 52.0% | 15.3% | 8.7% | 22.5% |
| '00/10～'01/9 | 0.9% | 54.1% | 12.6% | 8.5% | 23.9% |

| 期間 | 設立投資 | 5年未満 | 5～10年未満 | 10～20年未満 | 20年以上 |
|---|---|---|---|---|---|
| '94/4～'95/3 | 1% | 19% | 17% | 24% | 39% |

出所：VECベンチャーキャピタル投資動向調査

　ベンチャーキャピタルの投資ステージをみてみると、90年代半ばと最近とでは大きな変化がみられます。設立後5年未満の企業への投資比率は94年4月から95年3月までの1年間では20％であったのに対し、最近では50％を超える比率となっています。最近のベンチャーキャピタルの中には、設立時から経営に深く関与することで、企業の成長を助ける形が増えています。産学連携によって大学の技術を実用化するために、ベンチャー企業を設立するケースが増えています。こうした企業の中には、設立からまもないものの、将来性のある企業が多いため、一部のベンチャーキャピタルはこうした企業に対して積極的に投資を行っています。次のページでは、最近、ベンチャーキャピタル各社が力を入れているハンズオン型のインキュベーション・ファンドについてみてみましょう。

## ハンズオン型の「インキュベーション・ファンド」

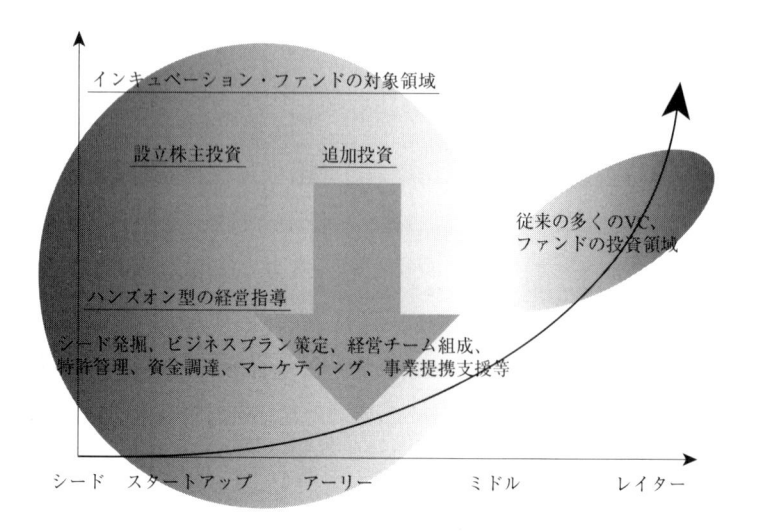

(図：横軸にシード、スタートアップ、アーリー、ミドル、レイターの各段階。インキュベーション・ファンドの対象領域として「設立株主投資」「追加投資」「ハンズオン型の経営指導」「シード発掘、ビジネスプラン策定、経営チーム組成、特許管理、資金調達、マーケティング、事業提携支援等」。右上に「従来の多くのVC、ファンドの投資領域」)

　ベンチャー企業の発展段階はシード、スタートアップ、アーリー、ミドル、レイターの各段階に分けられます。ベンチャーキャピタルや従来のベンチャーファンドの投資領域はミドルからレーターにかけてが大半でした。しかし、ここ数年はスタートアップからアーリーステージの企業を育成していくやり方が増えています。これがインキュベーション・ファンドといわれる領域です。インキュベーション・ファンドを運用するGPはシードの発掘、ビジネスプランの策定、経営チームの組成、特許管理、資金調達などさまざまな経営指導を行うことで、ベンチャー企業を従来のベンチャーキャピタルが投資できる水準にまで育てます。

　ベンチャーキャピタルの目的は、投資した金額に対してできるだけ多くのリターンを得ることです。投資が最終的にどのような形になるかを出口（Exit）と呼んでいます。ベンチャーキャピタルにとって、最も望ましい形は、投資した企業が株式公開をすることです。株式公開まで行かなくても、投資した企業が他社に買収されれば、お金は入ってきます。ベンチャーキャピタルにとって株式公開は野球のホームランにあたり、買収は二塁打かシングルヒットといったところです。株式公開、買収以外の出口としては、投資した会社が倒産してし

まうか、まったく見通しが立たないため会社をたたむ（会計上の償却）ケースがあります。また、倒産や償却がなくても事実上、休眠状態になってしまうケースもあります。

株式公開のメリット、デメリットを創業者サイドから整理すると以下の通りです。メリットとしては、資金調達能力が向上すること、知名度や信用力が向上すること、創業者利益がもたらされることです。一方、デメリットとしては、会社情報の開示が必要となり事務手続が増大すること、経営権を乗っ取られる危険があること、株価を意識した経営が必要になることです。

## 投資の出口（Exit）

VCによる投資の目的は、できるだけ安い価格で株式を取得し、できるだけ高い価格で株式を売却して利益を上げること。投資の出口には、①株式公開（IPO）、②売却（M＆A）、③倒産・償却、④その他、がある。

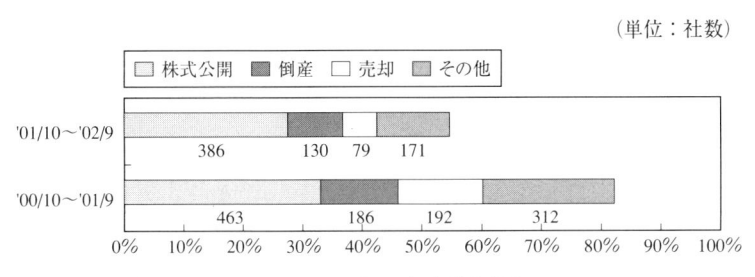

（単位：社数）

| 期間 | 株式公開 | 倒産 | 売却 | その他 |
|---|---|---|---|---|
| '01/10～'02/9 | 386 | 130 | 79 | 171 |
| '00/10～'01/9 | 463 | 186 | 192 | 312 |

出所：VECベンチャーキャピタル投資動向調査

## 新興企業のための株式公開市場概要

■公開社数

| 市　　　場 | 開設時期 | 公開社数（2001年末） | 2002年公開社数 |
|---|---|---|---|
| JASDAQ（店頭登録市場） | 1963/02 | 886 | 68 |
| 東京証券取引所マザーズ | 1999/12 | 36 | 8 |
| ヘラクレス | 2000/06 | 82 | 24 |

■会社設立から株式公開までの平均期間

| 市　　　場 | 2000年 | 2002年 |
|---|---|---|
| JASDAQ（店頭登録市場） | 28年9カ月 | 20年5カ月 |
| 東京証券取引所マザーズ | 8年8カ月 | 8年9カ月 |
| ヘラクレス | 15年7カ月 | 6年10カ月 |
| 合　　　計 | 22年7カ月 | 16年7カ月 |

出所：日興コーディアル証券調査

　現在、日本にはベンチャー企業向けの市場としてJASDAQ、東京証券取引所マザーズ、ヘラクレス（旧ナスダックジャパン）の3つが用意されています。会社設立から株式公開までの平均期間は米国の約5年に比べると、日本は16年7カ月でまだかなり長いのですが、2000年の22年7カ月に比べれば短くなっています。上場基準が緩和されたことに加え、ベンチャー企業育成、株式公開への支援体制が徐々に整ってきたことが要因です。投資額上位のベンチャーキャピタルは2002年度では、1位はソフトバンクインベストメント：295億円、71社、2位がジャフコ：274億円、140社、3位がエヌ・アイ・エフベンチャーズ：201億円、89社となっています。公開時の調達額上位企業は、2001年が①日本マクドナルド516億円、②有線ブロードネットワークス432億円、③アイ・ティー・エックス304億円の順となっており、2002年は、①コナミJPN76億円、②NIF70億円、③東北新社54億円となっています。2002年は1社当りの平均調達額は8.1億円となり、前年比60％の減少となっています（日本経済新聞社調査）。

# 第5章　知的財産権

1. 知的財産権とは
2. プロパテント政策
3. 知的財産権の概要
4. 特許の新潮流
5. 日米欧の状況
6. なぜ特許を出願するのか

# 1．知的財産権とは

```
            世　界
              国
        企業 ⇔ 大学
           ⇩    ⇩
          ベンチャー
```

　この章では知的財産権について話を進めます。中国をはじめとするアジア各国の追い上げがある中、日本は知的財産権を保護することによって、これらの国に対抗していくことが重要になっており、国をあげて知的財産権の保護・育成に力を注いでいます。知的財産権は企業にとっても、今後の商売において大きな武器になります。中でもベンチャー企業は他に大きな資産を持たないことが多いので、唯一のよりどころといえます。従ってベンチャー企業にとっては、知的財産権に対する実践的な理解は不可欠なのです。

　知的財産権とは特許権、実用新案権など人間の幅広い知的創造活動に対して、その創作者に一定期間、保護を与えたもので、特許法、実用新案法など多くの国内法によって規定されています。一般的に、法律はその国の中で話が完結することが多いのですが、知的財産権に関しては、非常にグローバルな側面を持っています。例えば特許出願に関していうと、1つの国だけに特許を出願しても終りません。本格的な特許に関しては、日本企業は平均7から8カ国に出願しています。新薬の開発に関しては、30～40カ国に特許を出願することもあります。

## 2．プロパテント政策

### 米国のプロパテント政策の歴史
■1980年代　レーガン政権の国家戦略
特許重視、知的財産を資産として経済の活性化図る→産業競争力強化
 1．相次ぐ特許侵害訴訟
　　・ハネウェルvsミノルタ
　　・テキサスインスツルメントvs日本の半導体メーカー
 2．80年代以降
　　・大学発ベンチャー約3千社、年間11億ドルのライセンス収入

　米国経済が90年代、回復した大きな理由の1つに、80年代後半に打ち出されたプロパテント政策が影響しているといわれています。米国の知的財産権に関する政策の流れについてみておきましょう。
　米国では、30年代の大恐慌が大企業による技術の独占によって引き起こされたという認識がありました。そのため、近年まで知的財産権の取得を厳格にし、各企業がなるべく自由に技術を利用できる政策をとってきました。ところが、日本やアジア各国が安い値段で技術を導入して製品を作り、米国に輸出攻勢をかけた結果、米国の産業競争力は衰退していきました。これに危機感を感じたレーガン政権は、1985年9月にプラザ合意でドル高の是正を行うとともに、米国製品の競争力改善や知的財産の保護強化を打ち出しました（プロパテント政策）。知的財産権に関しては、従来の方針を180度転換し、特許による権利保護の強化と新しい技術への特許対象範囲の拡大を図りました。こうした流れに沿って、米国企業が日本企業を訴えるケースが頻発したのです。ハネウェルとミノルタによるオートフォーカスに関する特許侵害訴訟では、ミノルタは和解金1億2,750万ドル（約153億円）を、テキサス・インスツルメンツのDRAM訴訟

では、日本側は和解金約 2 億ドル（約240億円）を払っています。こうした政策が功を奏し、米国は90年代以降、主要な産業分野で競争力を回復し、ITやバイオといった分野で日本を圧倒しています。

---

### 知的所有権を巡る国際紛争

1. 先進国vs発展途上国
2. 医薬品アクセス
3. 遺伝資源・伝統的知識の保護
4. 模倣品問題

---

　知的所有権をめぐる紛争が各地で頻発しているため、WTO（世界貿易機関）やWIPO（世界知的所有権機関）のような国際機関の場で交渉が行われています。紛争の中心は特許申請件数が圧倒的に多い日、米、欧州の3局です。

　それ以外の紛争としては、1つに医薬品へのアクセスの問題があります。例えば、エイズの治療薬ができても、特許料の支払いのために薬価が下がらず、貧しい国の患者に治療薬が行き渡らないという問題が起きます。エイズ治療薬のように社会性の高いものが広く特許で押さえられてしまうのは大きな問題といえます。ほかにも遺伝資源・伝統的知識の保護の問題があります。これは、発展途上国の住民が昔から継承してきた薬効のある素材（薬草など）を製薬会社が後からやってきて、特許を取って製品化してしまうことです。昔から利用していた住民の権利が知らない間に奪われてしまいます。これ以外には、許可なくブランド名を利用して製品を販売する模倣品の問題があります。模倣品の被害は全世界で3,800億ドルにも達しているといわれ、この金額は先進国1カ国分のGDPの額にも匹敵する規模となっています。

## 知的財産戦略大綱（2002年7月）

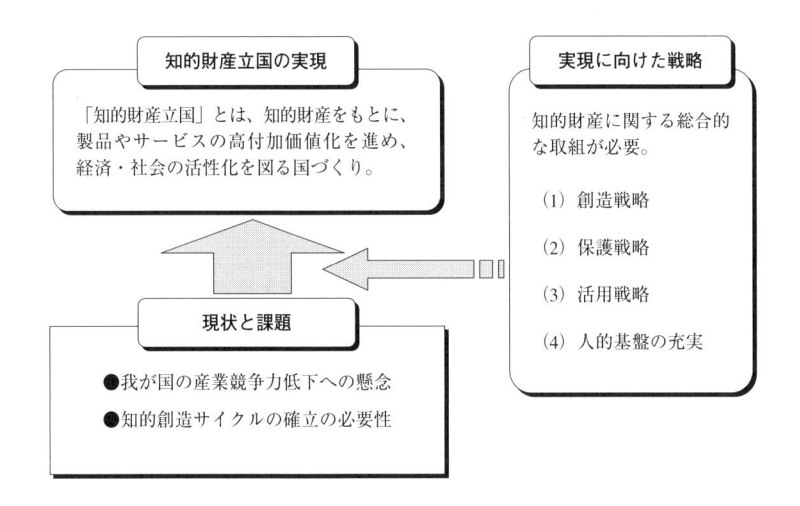

**知的財産立国の実現**

「知的財産立国」とは、知的財産をもとに、製品やサービスの高付加価値化を進め、経済・社会の活性化を図る国づくり。

**実現に向けた戦略**

知的財産に関する総合的な取組が必要。

(1) 創造戦略
(2) 保護戦略
(3) 活用戦略
(4) 人的基盤の充実

**現状と課題**

- 我が国の産業競争力低下への懸念
- 知的創造サイクルの確立の必要性

　次に日本政府の対応を見ていくこととします。政府は首相の私的諮問機関「知的財産戦略会議」の会合を経て、2002年7月に「知的財産戦略大綱」を採択しました。製品やサービスの高付加価値化を進め、経済・社会の活性化を図るものです。わが国の競争力が低下している現状を踏まえ、知的財産を作りだすサイクルを確立することが目的となっています。実現に向けた戦略としては、創造、保護、活用と人材育成の4本柱からなっています。創造に関しては、大学の役割が期待されており、産学連携によって大学の持つ基礎研究を実用化する体制作りが求められています。知的財産の創造を進めるためには、適切な保護が必要となりますが、特許の審査や訴訟を迅速に進めるための体制作りや模倣品対策が重要となっています。そして生み出された知的財産権を大学等から技術移転したり、知的財産権を評価し、活用を促進することが必要です。これらを支える人材の育成を図るため、知的財産権に重点をおいた法科大学院の設置が掲げられています。

　大綱のなかで求められていた知的財産基本法は2002年11月に制定されました。その後、2003年3月には内閣府に知的財産戦略本部が設置されています。これによって、複数の機関にまたがる知的財産立国のための施策を統一的・迅速に

進めることが可能になります。

---

### 知的財産立国に向けた重点次項

■「世界特許」に向けた取組みの強化
　日米で調査結果等の相互利用（2002年度中検討開始）
　迅速・明確な特許審査のための計画策定（2001年度中）
■実質的な「特許裁判所」機能の創出
　特許等に関する裁判を東京・大阪地裁に集中（2003年通常国会に法案提出）
■模倣品・海賊版等の対策の強化
　侵害品に対する国境措置の強化（2004年度までに法制面・運用面を改善）
　外交交渉等を通じた働きかけの強化（2002年度以降）
■営業秘密の保護強化
　民事・刑事両面での保護強化（2003年通常国会に法案提出）
■大学の知的財産の創出、管理機能の強化
　企業等の協力で戦略的に知的財産を創出する制度（2003年度までに構築）
　全国数十程度の大学に「知的財産本部」を整備（2003年度までに開始）
■知的財産専門人材の養成
　法科大学院における知的財産教育の充実（2004年度から学生受入開始）
　出所：官邸ホームページより

---

　政府発表による具体的な重点施策は上記の6項目でした。全国の地方裁判所が受理した知的財産権の関する訴訟は2002年度が352件となっています。難しい技術的判断が必要なことから、審理に平均15カ月もかかっています。この状況を改善するため、特許裁判所機能の創出を打ち出しています。専門性を持った裁判所で集中的に処理し、判決も統一性を持たせることで、企業に安心感を

与えることが狙いです。もちろん、これによって東京、大阪以外の地方では、知的財産権に関する訴訟を起こすことができなくなり、地方でのベンチャー企業育成にとってはマイナスであるという声もあります。こうした反対論はあるものの、一審は東京、大阪、二審は東京高裁に絞る法案がまもなく成立する見通しとなっています。

　各国立大学は2004年の独立行政法人化にあわせて、知的財産本部を相次いで設置する予定になっています。知的財産本部は大学の持つ知的財産権を一元的に管理するほか、特許などの取得、管理、運用ルールなどの整備も行います。知的財産本部には特許などの実務に精通した人材を民間から招く予定です。これらの施策によって大学の知的財産の創出・管理強化を図ります。

　他には模倣品・海賊版対策の強化、営業秘密保護のために民事・刑事両面での保護強化など、プロパテント政策のためのさまざまな対策が盛り込まれています。

# 3. 知的財産権の概要

## 知的財産権の種類

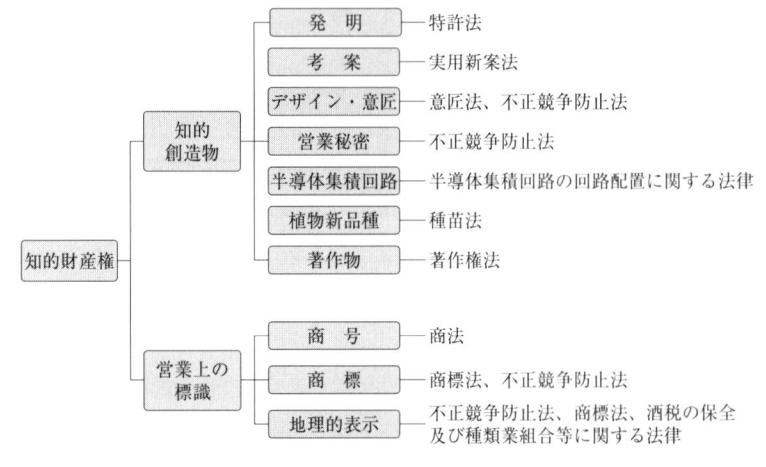

- 知的財産権
  - 知的創造物
    - 発明 — 特許法
    - 考案 — 実用新案法
    - デザイン・意匠 — 意匠法、不正競争防止法
    - 営業秘密 — 不正競争防止法
    - 半導体集積回路 — 半導体集積回路の回路配置に関する法律
    - 植物新品種 — 種苗法
    - 著作物 — 著作権法
  - 営業上の標識
    - 商号 — 商法
    - 商標 — 商標法、不正競争防止法
    - 地理的表示 — 不正競争防止法、商標法、酒税の保全及び種類業組合等に関する法律

出所:特許庁ホームページより

　知的財産権の定義についてみていくことにします。知的財産権を細かく分類すると上記のようになっています。保護する対象から、知的創造物としての特許権、実用新案権、意匠権、著作権などと、営業上の標識を保護する商標権などに大きく分けられます。特許権を保護するための特許法は、新しい技術的アイデアの独占権を発明者に与えるものです。独占を与えることで、発明に対するインセンティブを高めます。一方で、世の中に発明を公開し、第三者に利用させることで技術進歩を助けることにもなります。著作権法は著作物の模倣を禁じることによって、創作者の権利を保護することを目的としています。商標法は商標を保護することによって、商標を持つ者の信用を守り、かつ商標を見て行動する消費者も同時に保護するものです。以上の3つが知的財産権の代表

的な権利ですが、近時は技術が非常に多岐にわたり、従来の分類では整理しにくい権利も出てきています。

## 知的財産権の具体的イメージ

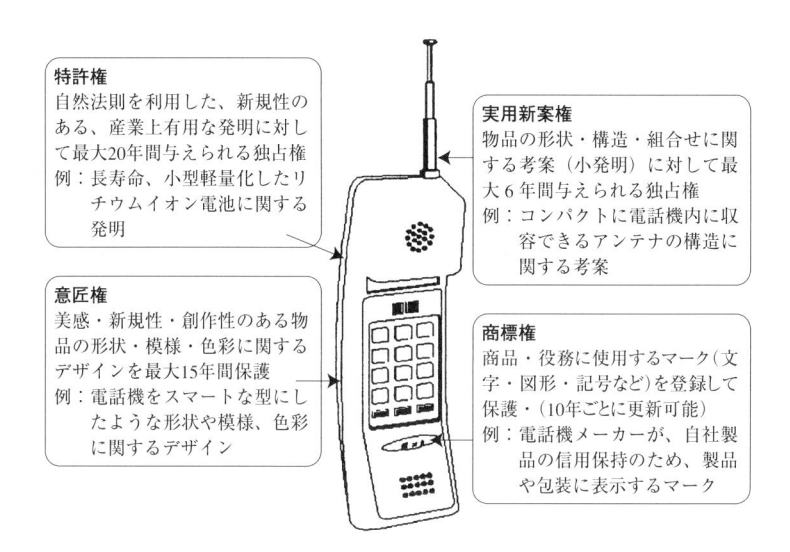

**特許権**
自然法則を利用した、新規性のある、産業上有用な発明に対して最大20年間与えられる独占権
例：長寿命、小型軽量化したリチウムイオン電池に関する発明

**実用新案権**
物品の形状・構造・組合せに関する考案（小発明）に対して最大6年間与えられる独占権
例：コンパクトに電話機内に収容できるアンテナの構造に関する考案

**意匠権**
美感・新規性・創作性のある物品の形状・模様・色彩に関するデザインを最大15年間保護
例：電話機をスマートな型にしたような形状や模様、色彩に関するデザイン

**商標権**
商品・役務に使用するマーク（文字・図形・記号など）を登録して保護・（10年ごとに更新可能）
例：電話機メーカーが、自社製品の信用保持のため、製品や包装に表示するマーク

出所：特許庁ホームページより

　具体的イメージとして特許庁のホームページに出ている携帯電話を例に取り上げてみます。特許権は自然法則を利用した新規性のあるものですから、例えば携帯電話の電池を長時間使えるようにした発明を指します。実用新案権は物品の形状・構造・組合せに関する小発明と定義されていますので、コンパクトに電話機内に収納できるアンテナの構造などがこれにあたります。電話機をスマートにしたり、形状・色彩に関するデザインが意匠権です。そして電話機メーカーが自社製品の信用保証のために表示するマークが商標権となります。

## 「発明」に該当しないものの類型

①自然法則自体

②単なる発見であって創作でないもの

③自然法則に反するもの

④自然法則以外の法則など及びこれらのみを利用しているもの（人為的な取決めに当たる）…例：コンピュータのプログラム言語

⑤技能（個人の熟練によって到達しうるものであって、知識として第三者に伝達できる客観性が欠如しているもの）

⑥情報の単なる提示（提示される情報の内容にのみ特徴を有するものであって、情報の提示を主たる目的とするもの）

ただし、情報の提示（提示それ自体、提示手段など）に技術的特徴があるものは、情報の単なる提示にあたらない。

⑦単なる美的創造物

⑧発明の課題を解決するための手段は示されているものの、その手段によっては、課題を解決することが明らかに不可能なもの。

　知的財産権の中では、特許権が最も大きな位置を占めているので、特許権についてもう少しみておきましょう。特許法の中にでてくる発明とは、自然法則を利用した技術思想のうち高度なものと定義されています。逆に、発明に該当しないものとしては、万有引力の法則など自然法則それ自体や、単なる発見であって創作でないものです。自然法則に反するものも発明ではありません。新しいコンピュータのプログラムなど自然法則以外の法則や、野球のフォークボールの投げ方などの技能、情報の単なる提示、単なる美的創造物なども該当しません。発明の課題を解決するための手段は示されているものの、その手段によって、課題を解決することが明らかに不可能なものも発明には該当しません。

## 特許出願後の手続き

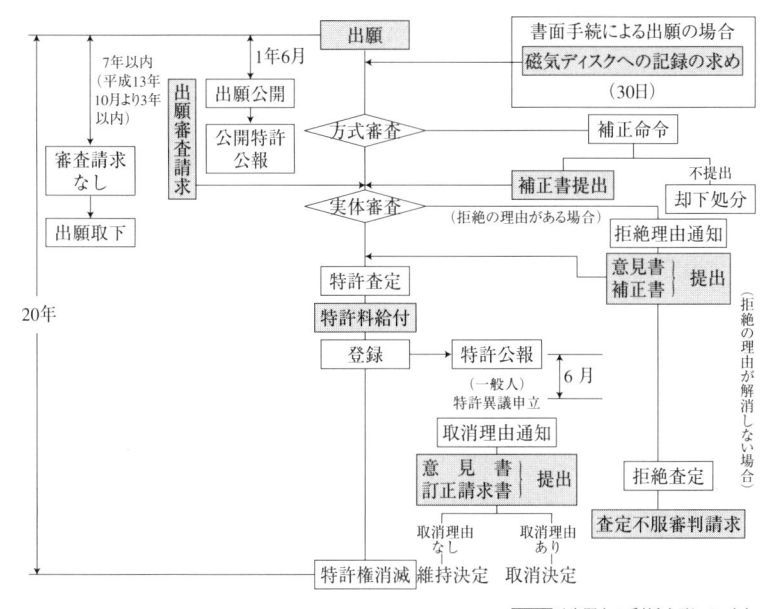

```
                              ┌──────────────────────────────┐
                              │ 書面手続による出願の場合      │
                      ┌──出願─┤ 磁気ディスクへの記録の求め    │
              1年6月  │       │ (30日)                       │
         出願公開     │       └──────────────────────────────┘
    出                │            │
    願   公開特許     │       方式審査 ──── 補正命令
    審   公報         │            │         │
    査                │       補正書提出 ─── 不提出
    請                │            │              │
    求                └──── 実体審査          却下処分
                              (拒絶の理由がある場合)
                                   │
                              拒絶理由通知
                                   │
                           意見書 │ 提出
                           補正書 │
                                   │ (拒絶の理由が解消しない場合)
                              拒絶査定
                                   │
                              査定不服審判請求
```

- 7年以内（平成13年10月より3年以内）
- 審査請求なし → 出願取下
- 20年
- 特許査定 → 特許料給付 → 登録 → 特許公報
- （一般人）特許異議申立
- 6月
- 取消理由通知
- 意見書・訂正請求書 提出
- 取消理由なし／取消理由あり
- 特許権消滅／維持決定／取消決定

□ は出願人の手続きを示しています。
磁気ディスクへの記録の求めは、(財)工業所有権電子情報センターに対して行う手続きです。

出所：特許庁ホームページより

　特許出願後の流れをみてみましょう。特許庁に書類が提出されると、特許法に沿った形式的要件を満たしているかの審査が行われます。所定の要件を満たしていない場合は、補正が命じられ、不提出の場合は却下されます。出願から1年6カ月を経過すると出願が公開されます。こうして出願されたすべての案件が審査されるわけではありません。出願した人の中には、他人の登録を阻止するための防衛的な出願をする者もいます。出願日から3年以内に審査の請求がないと、出願は取り下げられたものとみなされます。審査する件数が減少するため、全体の手続きが効率的になります。審査請求がなされた出願については実態審査がなされ、拒絶理由が見つからないものについては特許査定をします。特許査定謄本が出願人に送付されてから30日以内に特許料が納付されると、特許権の登録がなされ、特許広報に掲載されます。特許権は出願日から20年経過後に消滅します。

# 4．特許の新潮流

### ソフトウェア特許
■プログラムは著作物として著作権で保護
■プログラムに内在する技術思想（アルゴリズム）およびプログラムを利用した発明は特許対象
　・70年代　　　電卓型特許（ハードの特許）
　・80年代　　　マイコン型特許
　　　　　　　　（マイコン制御、プログラムはハード制御）
　・80年半ば　　ワープロ型特許
　　　　　　　　（プログラムはハード制御用に限らない）
　・1997年　　　ソフトウェア媒体型特許（CD-ROM等の特許）
　・2000年　　　ネットワーク型特許（ネットワーク上で流通するプログラムの特許）

　新しい技術の発展によって従来は特許として認められなかったものも保護の対象となっています。近時は各国のプロパテント政策もあって、立法や運用によって幅広く特許を認めようとする動きが強まっています。最も典型的な例がソフトウェアに関する特許です。

　1985年にプログラムを著作権法の著作物として保護することになりました。しかしながら、当時はプログラムは自然法則を利用していないので、特許法で保護される発明とは認められませんでした。その後、特許庁はソフトウェアに関する発明の範囲を順次、拡大しています。1997年2月の審査基準では、ハードウェアを制御する発明がなくても、プログラムを記録した媒体（CD－ROMなど）の発明を特許として認めました。さらに2000年12月には、CD－ROMなどの記録媒体に記録されていないネットワーク上のプログラムについても、発

明として認めることにしました。

> ### ビジネスモデル特許
>
> ■1998年7月　米国連邦巡回控訴裁判所（CAFC）が統合資産管理システム「ハブ・アンド・スポーク」をビジネスモデル特許として認める。
> 　・アマゾン・ドットコム「ワン・クリック」
> 　・ジェイ・ウォーカー氏「逆オークション」
> ■従来特許と関係がない業種（金融業、流通業等）が紛争当事者に
> ■少額の投資で、先端技術を持たずとも、ビジネスを独占出来る可能性がある。

　最近、話題を呼んでいるのがビジネスモデル特許です。ビジネスモデル特許が最初に認められたのは、米国ステートストリートバンクと金融ベンチャー・シグニチャー社の係争における統合資産管理システム「ハブ・アンド・スポーク」でした。この特許の内容は、投資家の複数の口座をネット上で一括管理するものです。別々の口座に預けられている資産をまとめて管理・運用することで、より多くの収益を得るチャンスが生まれ、一括管理によってコストを削減できるという仕組みです。地裁判決ではこの申し立ては却下されたのですが、レーガン政権時代にできた特許問題を専門に扱う米国連邦巡回控訴裁判所は、1998年に地裁判決を破棄し、同特許を認めました。ビジネス方法であっても有用、具体的、実体的であれば発明であり、特許として認められるというのが判決の内容でした。

　この判決以降、ビジネスモデル特許が次々と認められています。アマゾンドットコムはワンクリックオーダー（インターネット上での買い物で、2度目以降の注文の際に1回入力キーを押すだけで契約が成立する仕組み）で書籍販売のバーンズ・アンド・ノーブルを特許侵害で訴えました。バーンズ・アンド・ノーブルに販売差し止め命令が出され、同社は経営危機に陥ったほどでした。

これ以外で有名なものに、逆オークションがあります。これはまさに名前の通り、値段を少しづつ上げていく通常のオークションとは逆に、値段の高い方からオークションを行うものです。この特許の発明者ジェイ・ウォーカー氏は、この特許をもとにプライスライン・ドットコム社を設立し、株式公開により76億ドル（約9,120億円）もの大金を手にしました。

---

## トヨタのかんばん方式

【特許請求の範囲】
【請求項1】各部品について内示情報と確定情報を出力する生産計画手段と、前記生産計画手段から入力される前記各部品情報から流通する日当たりの発注指示カード枚数を計算する枚数算出手段と、前記枚数算出手段によって計算された前記発注指示カードの計算枚数と記憶手段に予め登録された発注指示カードの枚数の下限値とを比較する第1の比較手段と、各部品について前記記憶装置に予め登録されている部品の納入リードタイムと使用リードタイムを比較する第2の比較手段と、前記第1の比較手段が前記枚数算出手段によって計算された計算枚数が前記下限値を下回ると判定しかつ前記第2の比較手段が前記納入リードタイムが前記使用リードタイムを下回ると判定した場合には、部品の発注指示形態を前記確定情報に基づいて前記納入リードタイムだけ前時点で発注指示するかんばん指示に切換える発注指示形態切換え手段と、を具備したことを特徴とする部品納入指示装置。

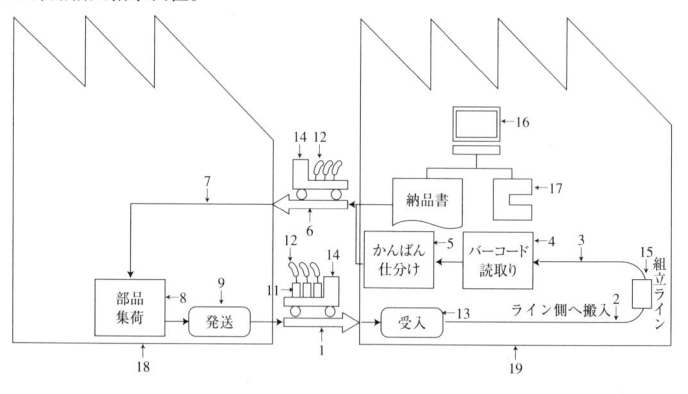

出所：特許公報

日本でもビジネスモデルに関する特許が出願されています。前図は有名なトヨタの「かんばん方式」に関するビジネスモデル特許です。元々やっていたことなのですが、米国の企業などから訴えられるのを防ぐために特許を取得したのです。これ以外にITやインターネットを利用したビジネスモデル特許が多数、出願されています。凸版印刷のマピオン（インターネット上で広告情報を附加した電子地図を供給するシステム）や住友銀行のパーフェクト（金融機関としては初めて取得したビジネスモデル特許。1つの口座の中に仮想的な振込専用口座を別々に用意し、入金照合が確実に行え、経理事務のコストが軽減できる仕組み）があります。1999年から2000年頃がビジネスモデル特許フィーバーの時期で、企業は数多くのビジネスアイデアを申請しました。これらの多くがクロスライセンス（第5章6参照）の交渉や特許侵害訴訟に備えるための防衛特許であるといわれています。

## 5．日米欧の状況

### 日米欧の出願状況

バイオテクノロジー基幹技術出願件数累計（1990～1998年累計）

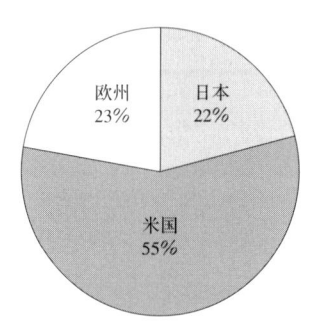

- 欧州 23%
- 日本 22%
- 米国 55%

情報機器・家電ネットワーク制御出願件数累計（1990～1999年累計）

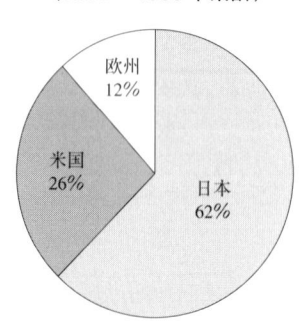

- 欧州 12%
- 米国 26%
- 日本 62%

出所：特許庁　特許出願技術動向調査

　日米欧の特許出願件数を比較してみると、各国の置かれた産業の状況をよく反映しています。バイオテクノロジーの分野では、米国が圧倒的に多くの特許出願を行っています。バイオテクノロジーは医薬品、食品、環境などの幅広い産業分野に応用が可能な技術分野です。経済産業省の予測では、バイオテクノロジーに関するわが国の市場は、2001年には1.3兆円であったものが、2010年には25兆円に達し、世界全体では230兆円もの規模に達すると見込まれています。米国はクリントン政権時代の1994年に「バイオテクノロジー研究イニシアティブ」を打ち出し、バイオ産業育成を進めた結果、現在では世界をリードする地位を築いています。これに対抗して欧州は2002年に「欧州バイオ戦略」を制定しました。日本も2002年12月に「バイオテクノロジー戦略大綱」を制定し米国を追い上げています。

一方で、情報機器や家電ネットワーク機器の分野では日本が米国、欧州を上回っていることがわかります。

## 知的財産権に関する統計

(件)

| | | 1997年 | 1998年 | 1999年 | 2000年 | 2001年 |
|---|---|---|---|---|---|---|
| 特許権 | 通常出願 | 385,875 | 395,779 | 398,110 | 427,579 | 430,001 |
| | 通常登録 | 131,028 | 133,313 | 149,439 | 125,663 | 121,641 |
| | 権利の移転 | 4,244 | 4,503 | 6,506 | 7,069 | 7,689 |
| | 質権の設定・移転 | 49 | 113 | 149 | 147 | 127 |
| | 実施権の設定 | 315 | 321 | 626 | 426 | 478 |
| 実用新案権 | 通常出願 | 11,522 | 10,474 | 10,013 | 9,386 | 8,695 |
| | 通常登録 | 11,356 | 10,406 | 9,959 | 9,038 | 8,762 |
| | 権利の移転 | 1,044 | 1,252 | 1,335 | 1,170 | 1,129 |
| | 質権の設定・移転 | 6 | 51 | 76 | 6 | 5 |
| | 実施権の設定 | 80 | 112 | 78 | 66 | 35 |

注) 1.「権利の移転」は、相続・合併以外の数値。
　　2.「実施権の設定」は、専用実施権と通常実施権の合計値。
　　3. 実用新案権の「通常登録」は、1993年法改正後の新・実用新案権の数値。
出所：特許庁出願統計

日本の特許出現件数は2001年で43万件と、米国の32万件よりも多く、世界でトップの地位を占めています。最近の経済状況は依然としてはっきりせず、業績が低迷している企業もありますが、特許出願件数は年々、伸びています。こうした状況下だからこそ、知的財産権の確保が重要視されているのかもしれません。また、日本では特許の出願は企業からの出願が多く、大学が出願を行うケースは多くありませんでした。そこで政府は大学からの出願が増加するように、大学に知的財産本部を設置したり、産学官連携コーディネーターの充実や、TLOの強化を打ち出すなど、さまざまな手を打っています。産学官連携コーディネーターは、大学等の研究成果を企業へ移転するための橋渡しをする「目利き」を派遣するという制度です。TLOの強化については、経済産業省は技術が

多様化する中で、すべての分野に対応することが難しいことから、特定技術分野ごとに高い実績を持つTLOをスーパーTLOに指定し、これを核にしてTLOの全国網を整備する方針を打ち出しています。

## 日米欧の特許制度相違点

|  | 日 | 米 | 欧 |
|---|---|---|---|
| 特許の対象となる発明の法的定義 | 自然法則を利用した技術思想のうち高度なもの | 裁判とその判例による | 定義規定はない。逆に発見、科学的理論など発明と認められないものが列挙されている。 |
| 特許の対象とならないもの | 自然法則自体、数学上の公式、ビジネスの方法、人為的な取り決め | 数学的方法、印刷物 | 数学的方法、ゲームまたはビジネスを行うための計画、規則及び方法、コンピュータプログラム自体 |
| 特許を受ける権利 | 先願 | 先発明 | 先願 |

出所：今野浩『特許ビジネスはどこに行くのか』岩波書店、2002年。

次に日米欧の特許制度の違いをみていきましょう。特許制度は国ごとに定められていますが、国際化の進展により特許制度も国際間の調和を取る必要がでてきました。しかしながら現状では、日米欧では特許制度に大きな相違があります。特に米国の制度では「先発明主義」と「サブマリン特許」が日欧と大きく異なっています。先発明主義とは、先に発明した者に特許を付与する制度です。米国以外の国は、先に出願したものに特許を付与する先願主義をとっています。先発明主義は発明者を保護するという点では優れていますが、実際にどちらが先に発明したかを証明することは難しく、制度の運用が不安定になります。サブマリン特許は出願から長期間公開されないまま潜伏し、しばらくたってから成立し、その後、長期にわたって存続する特許を意味します。米国では特許が成立するまで出願内容が公開されず、特許成立日を特許権の起算日としていたため、このような問題が発生しました。サブマリン特許で有名なのは、自動認識技術などに関するレメルソン特許です。出願から特許付与まで潜伏期間が38年間もありました。サブマリン特許は世界中から非難を浴びたため、特

許出願後18カ月を経過すると自動的に公開される早期公開制度が導入され、1994年の改正では特許期間は出願から20年を超えられないという変更がなされました。しかしながら、早期公開制度は米国内のみに出願される特許には適用されないなど、不十分な点がまだ残っています。

# 6．なぜ特許を出願するのか

■特許の目的
　特許法　第1条（目的）この法律は、発明の保護及び利用を図ることにより、発明を奨励し、もつて産業の発達に寄与することを目的とする。
　➡産業上有用な発明を行ったものに対して、公共的な便益を増進するため、それを一般に公開してもらい、その代償として、一定期間その発明の独占的実施権を与える。
■市場の独占、実施料収入の確保
■自己の実施のための保証、ライセンス交渉の地位確保

　それでは、なぜ特許を出願するのでしょうか？　特許を出願する理由には積極的な理由と消極的な理由があります。積極的な理由としては、特許を取得することでビジネス展開を独占的に行うことができるからです。他社にもライセンスすることで、さらに市場の拡大を図ることも可能になります。消極的な理由としては、他社が基本特許を持っている場合、自社で周辺特許を取ることで、他社から基本特許のライセンスを受けるための交渉材料に使うことです。最近は1つの技術でも、非常にたくさんの特許が絡み合っているケースが普通です。大企業の間では、クロスライセンスといって、特許を相互に融通しあうことで、特許を無料で使用することができる協定を結ぶことが多くなっています。企業は積極策、消極策の両方を使い分けて、ビジネスを優位に展開していくのです。

> ### 大企業とベンチャー企業の戦略の相違
>
> ■大企業
> ・多額の研究開発投資
> ・多くのシーズ、シーズの取捨選択が可能
> ・事業性のありそうなものでも、出願だけして事業化を見送ることもある。
> ■ベンチャー企業
> ・コア技術の確保
> ・投資をひきつけたり、パートナーを見つけることに活用。

　ベンチャー企業にとって特許を戦略的に活用することは不可欠です。大企業は多額の研究開発費を持ち、多くのシーズの中から選択的に特許を取得する戦略を取ることも可能です。一方、ベンチャー企業は限られた経営資源を使って特許戦略を組み立てなければなりません。ベンチャー企業は大企業との交渉において立場が弱いため、技術を勝手に大企業に取られてしまうケースがあります。大企業から提携を考えているので技術内容を開示してほしいといわれ、設計図を見せたところ、数カ月後には、その大企業から設計図通りの商品が出まわっていたという話があります。コアになる技術を確保しておくことには十分、注意を払わなければなりません。コアとなる特許を確保することでベンチャーキャピタルからの投資をひきつけたり、業務上のパートナーを見つける場合に有利となります。また、特許を最初から他社へ売却することを念頭においたり、ライセンスを中心とした戦略を取る場合に比べ、最終製品まで作ることを目指す場合は、幅広い特許の取得が必要となります。

> ## 知的財産権の流通
>
> ■基本特許⇔製法・製品特許
>   ・基本特許のみでは具体的な製品は作れない。
>   ・製法・製品特許を持っていても、基本特許を他者に押さえられると権利侵害になる。
> ■休眠特許
> ■他社の権利との関係(ライセンス、共同開発)
> ■結局、技術は人について回る。

　知的財産権の流通について話をします。約75万件ある知的財産権のうち約3分の2にあたる56万件は、実際にはまったく活用されていない、いわゆる休眠特許となっています。大手企業にとっては活用するメリットが少ないため休眠特許になっているものの、中には非常に有望なものもあります。今後、こうした特許を流通させて実用化につなげていくことが重要です。しかし特許の流通は簡単にはいきません。特許だけ渡されても実際には、それに携わった人がいなければ、特許を活用し製品化につなげることは困難な場合が多いのです。また、一般的に1つの技術は、基本特許と製法・製品にかかわる特許、さらには周辺特許というように権利関係が錯綜しています。基本特許だけでは具体的な製品はできません。逆に、製法・製品特許を持っていても、基本特許を他社に押さえられていると、権利侵害として訴えられる可能性があります。特許を譲り受けて製品化しようとしても、製品化には数十件の周辺特許をまとめなければならないケースも多いのです。そのような交渉をベンチャー企業だけで行うのは難しいので、今後、特許の流通を円滑にするシステムを構築していく必要があります。

## 知的財産権を含んだ企業価値

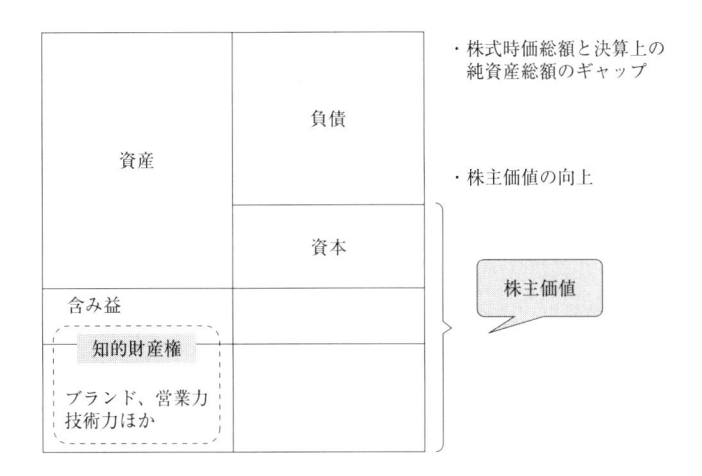

|  | 負債 | ・株式時価総額と決算上の<br>　純資産総額のギャップ |
| :---: | :---: | :--- |
| 資産 | 資本 | ・株主価値の向上 |
| 含み益 |  | } 株主価値 |
| 知的財産権<br>ブランド、営業力<br>技術力ほか |  |  |

　次に知的財産権の会計上の処理について簡単に触れます。知的財産権は無形固定資産や繰延資産として資産計上する場合もありますが、大半は研究開発費（人件費、試験研究費）として費用処理されます。結果として知的財産権の多くは、企業の貸借対照表上は表には出てきません。もし企業の貸借対照表を含み益なども加味したベースで見た場合（株式の時価総額に近い数字）、決算上の純資産総額との差の中には、ブランド力、営業力、技術力などを含めた知的財産権が入っていることになります。

　ブランド名も大きな知的財産権といえます。食卓の調味料で有名な味の素がグルタミン酸合成に関する特許を取得したのは明治時代の後半でした。特許の期間はすでに終了していますが、味の素のブランドが市場では確立されており、他社の参入を防いでいます。ブランド名（商標権）は特許と違い更新することができるので半永久的に保護されています。

## 島津製作所　田中耕一氏
## ノーベル賞受賞について

出所：島津製作所ホームページ

　話は横道に少し逸れますが、島津製作所の田中さんがノーベル賞受賞の対象になった脱離イオン化法に関して、出願した特許はわずか1件だけでした。これに関して、島津製作所の社長は「特許で、がんじがらめにするよりもオープンにして計測装置の市場を拡大した方が社会のためになる」と答えていました。技術をオープンにしたことで追随した研究者が改良品を出し、田中さんの名前を引用していった結果が、田中さんのノーベル賞につながったといえるかもしれません。日本が国としてまた、企業としてどの技術を守っていくのか、社会性をどう判断するのかは難しい問題です。

　最近、企業の社員が自分の会社を相手どって、本人が発明した特許に対して、相当の対価に当たる支払いを求める訴訟が増えています。詳細はここでは述べませんが、田中さんの場合、1台しか売れなかったので、報奨金は1万円でした。一方、青色ダイオード発明当時、日亜化学工業の社員だった中村教授の場合は、その後会社が、数百億円売上を増やしたので200億円の支払を会社に求めています。会社の売上に貢献した点だけを見れば、この請求は妥当なのですが。

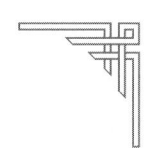

# 第6章　ビジネスプランの作成

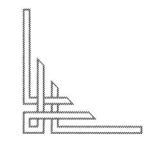

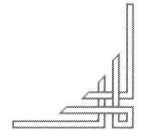

1．はじめに
2．ビジネスプランとは？
3．ビジネスプランの必要性
4．ビジネスプランの構成
5．ビジネスプランの実現化

## 1. はじめに

■キャッチアップ時代からフロントランナー時代へ。

実行限界←熟練技術で製造装置の限界までパフォーマンスを上げる。
装置限界←製造装置を限界まで改良する。
物理限界←製品の基本構成要件や製造プロセスの基本枠組みの限界となる。
　　　出所：藤村修三著『半導体立国ふたたび』日刊工業新聞社

| 段階 | 基礎研究（シーズ） | 応用研究・開発 | 事業（ニーズ） |
|---|---|---|---|
|  | 何に使えるか分からない | 何に使えるか分かる | 品質・コストを追求 |
| 成果物 | 学術論文・学会発表 | 特許権 | 製品技術・製品 |
| 主体 | 大学・研究機関 | ベンチャー | 企業 |

　　　出所：小樽商科大学瀬戸助教授作成資料

■「自立・自律的、論理的に考え、行動する」ための思考が重要。

目的 → 課題 → 仮説 → 検証 → 軌道修正 → … → 課題解決 → 目的達成
　　　　　（計画・プラン）

　日本が戦後復興期のキャッチアップ時代を経て、世界のフロントランナーになった今、自ら新しい仕掛けをする必要が出てきています。今までは、欠陥品が出ないように製品を作ることでパフォーマンスを上げたり、装置をコンパクトにして生産性をあげていました。半導体を例に取ると、今までは、集積度をあげるために製品の微細加工で対応してきました。しかし、電磁波の影響などで、既存の製造プロセスでは微細化は物理的な限界が近づいています。そこで、まったく異なる製造プロセスの開発によって集積度を上げることが求めら

れているのです。こうした限界に近づくと、自立的な発想で自らゴールを設定し、試行錯誤をしながら前に進む必要が出てきます。今までのようにゴールが明確であれば、対応方針も立てやすいのですが、ゴールがはっきり見えていない状況では、ビジネスプランを作って仮説・検証・軌道修正を繰り返す必要があります。ベンチャー企業が活躍できるのは、まさにこうした場面なのです。

## 2．ビジネスプランとは？

### アイデアからビジネスプランまで

曖昧・抽象的・理想的な思い

↓

アイデア（Wants）
↓
ビジネスコンセプト
↓
ビジネスプラン

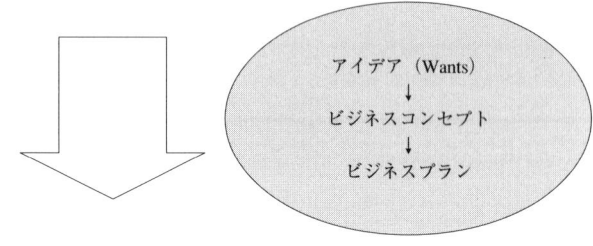

明確・具体的・現実的な行動

---

　ビジネスプランとは、簡単にいって曖昧・抽象的・理想的な思いを、明確・具体的でかつ現実的な行動に変えていくことです。最初にアイデアがあります。アイデアはさまざまなビジネスシーズやニーズ、欲求（Wants）から生まれてくるものです。このアイデアに対して、技術、商品、市場、システムの枠組みを与えたものがビジネスコンセプトです。さらにビジネスコンセプトを文章、図表、数値などで整理したものがビジネスプランとなります。ここでは、アイデア、ビジネスコンセプト、ビジネスプランという3つの概念が出てきましたが、大切なのは概念そのものを厳密に定義することではなく、3つの概念のプロセスを十分に意識して起業を進めることです。

　次ページでは、ビジネスの最初のきっかけとなる欲求（Wants）についてみていきましょう。

## Wantsの例

■イライラから生まれたビックビジネス

　THE BODY SHOPを創業したアニータ・ロディックは言う。「何かにイライラしたら、同じように感じる人が他にもいると考えて差し支えない。イライラは活力と創造力の源なのだ。苛立ちから不満が生まれ、優れたビジネス・アイデアに発展し得る疑問が生じてくる。」

　「お菓子屋ではゼリーを1オンス注文できるし、食料品店ではチーズを2オンス注文できる。それなのに、ボディーローションがほしいときは、ブーツ（英国のドラッグストア）へ行き、5ポンド払ってばかでかいボトル入りを買わなければならない。しかも、買ったものが気に入らなくても、最後まで我慢するしかないのだ。」

出所：ジェセフ・H・ボイエット／ジミー・T・ボイエット著、加登豊／金井壽宏監訳、大川修二訳「経営パワー大全」

　ビジネスプランの最初の1歩はビジネスのアイデアを見つけることです。そのためにはWants（欲望）を探すことが重要です。昔の人はいろいろな店を回って、必要なものを買い揃えていたので、すべての商品が揃っている店が欲しいというWantsがありました。これに応えてスーパーマーケットが登場しました。スーパーマーケットにWantsがあった時代には、ダイエーは大成功を収めました。しかし人々がそうしたWantsに満足してしまった瞬間に、ダイエーの商品は以前ほどは売れなくなったのかもしれません。

　1976年に自然の原料をベースにした化粧品の製造・販売を開始した英国のTHE BODY SHOPは、現在では世界48カ国に2,000店を展開しています。この事業を始めるきっかけは、創業者のアニータ・ロディックが、ボディーローションはボトルでしか買えないことに不満を感じて、ボディーローションをバラ

売りする商売を思いついたことでした。小さなWantsが大きなビジネスへ発展する第一歩なのです。

---

### アイデアからビジネスコンセプトへ

■ビジネスコンセプトとは、以下の要件が入ったもの
 1．技術：会社の強み
 2．商品：どのような売り物にして
 3．市場：誰に対して
 4．システム：どのような仕組み

---

ビジネスコンセプトには「技術」、「商品」、「市場」、「システム」の枠組みが必要になります。ビジネスコンセプトにおける「技術」とは、いわゆる「技術」ではなく、会社の強みがどこにあるかという概念です。例えば、葬儀屋が明瞭な料金体系を示すことでサービスを提供し、顧客に安心感を与えることに成功している場合は、明瞭な料金体系そのものが、それに当ります。「商品」は本質的にどのような売りものにして販売するかということです。例えば、インターネットで「あなただけのオリジナルなTシャツをお届けします」という売り方は、商品そのものよりも、自分だけのTシャツを持つという満足感を、むしろ商品にしているといえます。「市場」ではどんな人に対して、どのくらいの価格帯で販売するかを考えます。従って、同業者は誰なのか、市場への参入者は出てくるのか、ということも意識します。「システム」は作り方、売り方に対するさまざまな工夫を指します。こうした要素を組み合わせて、自社の競争力がどこにあるかを考えておく必要があります。ビジネスコンセプトが出来上がれば、次にビジネスプランの作成に取りかかります。

## 3. ビジネスプランの必要性

### ビジネスプランの意義
1. 起業家自身の頭の整理
   ビジネスの骨子を固めるための下準備、設計図、行程表、ドラフト。
2. 行動指標
   事業進捗に伴って成否判断を行うための物差し。
3. 経営陣の鎹(かすがい)
   ビジネス、特に経営はチームプレイ。
4. 第三者へのプレゼンテーション
   特に資金提供者(独立起業ならVC・銀行等、社内起業なら予算部門等)への説得材料。

ビジネスプランを作成する意義は大きく分けて4つ挙げられます。まずは、起業家自身の頭の整理です。創業者がビジネスの骨子を固めるためのドラフトとなります。思いついた時には最高のアイデアだと思っても、紙に書いて、時間をかけてよくみると意外と穴が見つかるものです。

次に、行動指標という意味があります。元になるドラフトを作ったら、それが将来の事業成否を冷静に判断する際の「ものさし」になります。ベンチャービジネスの場合、上手くいかないことが多いので、後で「しょうがない」とか、「運が悪かった」で済まさないためにもビジネスプランが必要です。紙に書いて終りなのではなく、紙に書くことで頭の体操ができ、実際に何か起こった際に、臨機応変に対応することができます。

経営陣の鎹(かすがい)という意味もあります。ビジネス、経営はチームプレイであり、経営陣の中で議論などを行う際に、基準となるビジネスプランが必要となります。

4つ目として、第三者へのプレゼンテーションという意味があります。とり

わけベンチャーキャピタルや銀行などの資金提供者への説得材料となります。

---

### ビジネスプランニングにおいて大事なこと（1）

1. 熱意、志
   冷静さが前提だが、根底に秘める熱意、志が原動力となる。
2. 明確性
   必要事項を簡潔明瞭、客観的に構成する。
3. 具体性
   数字を旨とする。
4. 現実性
   客観的な調査、分析が無ければ、行動指標にはならない。「市場との対話」（マーケティング）が重要。

---

ビジネスプランニングにとって重要なものは、まずは、熱意、志です。熱意、志がなければビジネスを続けることはできません。次に明確性が求められます。曖昧なビジネスプランは将来のものさしにはなりません。完璧なレポートが求められているのではありませんが、第三者への説得材料として、自分がこれから行う事業に対して、十分に考えたものであることが大切です。そうすれば、実際に事業を開始した場合にも、臨機応変に対応できるだろうと第三者に思わせることができます。さらに、数字に基づいた具体性が必要となります。具体性については次ページで詳しく解説します。最後に現実性です。客観的な調査・分析がなければ行動指標にはなりません。たまに売上が数年で百億円に達するビジネスプランを持ってくる人がいますが、そうしたビジネスプランは、忙しいベンチャーキャピタルの人には、最初から見てもらえません。

> ## ビジネスプランニングにおいて大事なこと（2）
>
> ■具体性…数字を分解しよう！
> ・装置産業
>   売上高➡設備の生産能力×稼働率**×歩留まり*
> ・小売業
>   売上高➡単位面積当たり売上高**×売場面積
> ・飲食店等サービス業
>   売上高➡客単価**×座席数×回転数*
> ・労働集約型産業
>   売上高➡従業員1人当たり売上高**×従業員数
> ＊印がついた部分は、業種・地域により傾向値があります。自分のビジネスコンセプトの値と傾向値を比較し、その違いの原因をビジネスコンセプトで説明できるかどうかが重要です。

　具体性については数字を分解してみるという方法があります。もちろん業界ごとに数字の見方に違いはありますが、具体性を検討する場合には非常に役にたちます。以下ではいくつかの事例をみていきましょう。

　装置産業とは、製紙工場や自動車工場など大型の機械設備を入れて製品を製造する産業です。装置産業の売上は、設備の生産能力、稼働率、歩留まりに分解できます。設備は故障があったり、部品の取替え、検査などもあるので、通常は100％で稼動させることはできません。歩留まりとは、良品率のことです。

　小売業には、百貨店、スーパーマーケット、コンビニエンスストアが含まれます。小売業の売上高は、売場面積に単位面積あたり売上高を掛け合わせたものになります。単位面積あたり売上高については、駅前だったらどれ位か、百貨店だったらどれ位か、スーパーマーケットだったら、というように業界における平均的なデータを取ることができます。

飲食品等サービス業とは、レストランや居酒屋などです。売上高は客一人あたりの単価、座席数、回転数（開店時間内にお客が何回転するのか）を掛け合わせたものです。

　労働集約型産業は、訪問販売やホテルなどを指します。従業員一人当たりの売上高に従業員数を掛け合わせたものとなります。従業員一人当たりの売上高は、従業員の熟練度によっても変化します。

## 4．ビジネスプランの構成

■要旨（エグゼクティブ・サマリー）

■ビジョン（基本的価値観＋目的）
　——CI（コーポレート・アイデンティティ）

■ビジネスコンセプト　　　　　　　　　　［何を］
　——技術、商品（製品・サービス）　　　［誰に］
　——業界・市場、消費者・顧客
　——マーケティング、ビジネスモデル　　［どうやって①］

■経営（マネジメント）　　　　　　　　　［どうやって②］
　——経営チーム、資本政策、経営組織、労務管理
　——スケジュール

■利益計画・資金計画　　　　　　　　　　［どうやって③／どうなる］

■重要なリスク

　ビジネスプランの基本的な構成は上記の内容からなります。要旨は全体の要約で、A4版1枚か2枚にまとめます。ビジネスプランの中でもっとも重要な部分です。忙しいベンチャーキャピタルのところには、数多くのビジネスプランが持ち込まれます。大半のビジネスプランは要旨部分を一読しただけで、残りは読まれることなくゴミ箱に捨てられます。要旨部分で強い印象を与え、残りの部分を読んでみようと思わせることが必要となります。以下ビジョン、ビジネスコンセプト、経営、利益計画・資金計画、重要なリスクを記載します。

　ビジョンは事業の目的・背景などを記載します。これから事業を起こそうとする人にとって最も力が入る部分です。この部分だけが異常に長いビジネスプランが見られますが、この部分はむしろ簡潔に記載した方が良いでしょう。この部分があまり長いとベンチャーキャピタルが「具体的な内容が無い」と疑いを持つからです。

ビジネスコンセプトではどのような技術を持って、どのような商品にして、誰に対して、どのように販売していくかを記載します。

経営では、経営チーム、資本政策、経営組織、労務管理などを書きます。利益計画・資金計画は売上・損益計画、資金計画、資金繰り予定表を記載します。重要なリスクは開発段階、量産段階、販売段階で想定されるリスクを記載します。リスクは隠すより、記載した上で対処方針などを明確にした方が、最終的には相手の信頼を得られることになります。

---

### 業界・市場

■業界の競争構造、競争戦略
- 集中度、参入障壁
- 規制
- 競合者、協力者、提携者
- アウトソーシング、ファブレス
- OEM：Original Equipment Manufacturing
- M＆A：Merger and Acquisition
- 代替品、マーケティング・マイオピア（近視眼的経営）

■マス・マーケティングからマーケット・セグメンテーション（市場細分化）へ

出所：和田・恩蔵・三浦共著『マーケティング戦略』有斐閣

---

ビジネスプランの重要な構成要素である業界・市場について触れておきましょう。

高度成長期のように各社が揃って成長する時代は終わり、各社の競争はますます厳しくなっているので、業界の競争構造を分析し、競争戦略を立てることが重要になっています。競争戦略を立てる上で重要なポイントとして、市場の集中度と参入障壁があります。集中度は上位企業が業界売上のどのくらいの割

合を占めているかを示す指標です。シェアが業界トップあるいは2番手といっても、集中度によって取るべき戦略は異なります。次に参入障壁ですが、利益率が高い分野や、成長性の高い分野へは各社とも新規参入を狙っています。その際に参入を阻む要因が参入障壁です。参入障壁には事業規模、初期投資の大きさ、特許、法的規制などがあります。

従来の競争は個別の業界の中で起こっていましたが、今は業界の枠を越えて競争が起こっています。そうした動きとして、アウトソーシング（経営機能の一部を外部から調達すること）、ファブレス（生産設備を持たない経営）、OEM（相手先ブランドによる生産）、M＆A（買収と合併）などが、企業の戦略上、大きな位置を占めてきています。

市場が成熟化してくると、作れば売れるという時代は終わり、相手のことをよく知ることが重要となっています。従来の不特定多数、同質需要に対応していたマス・マーケティングだけでは対応できなくなり、市場の細分化が必要になっています。

## 消費者・顧客

■新商品の普及過程

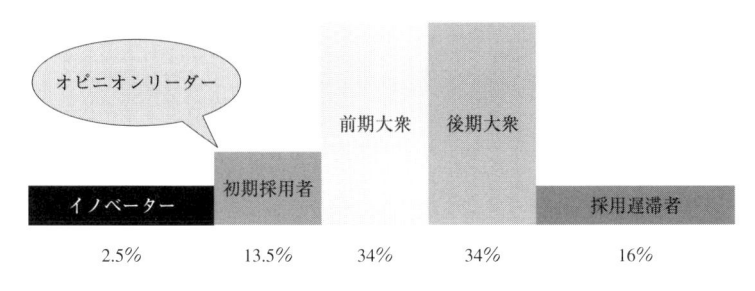

| イノベーター | 初期採用者（オピニオンリーダー） | 前期大衆 | 後期大衆 | 採用遅滞者 |
|---|---|---|---|---|
| 2.5% | 13.5% | 34% | 34% | 16% |

出所：E.M.ロジャース、和田他著『マーケティング戦略』有斐閣

次にもう1つの重要な要素である消費者・顧客についてみてみましょう。新製品はどのように消費者・顧客に購買されていくのでしょうか。消費者は自分

1人の意思で購買を決定しているわけではなく、購買の際には、他人の影響を強く受けています。消費者は製品の購入時期によって、5つのグループに分類されます。新製品は情報感度の高いイノベーターに購買され、その後、初期採用者、社会の平均的な前期大衆、後期大衆、そして変化を好まない採用遅延者という形で普及していきます。他人の購入に大きな影響を与えるいわゆるオピニオンリーダーは、最も早い時期に購買を始めるイノベーターよりも、初期採用者であると言われています。イノベーターは革新的過ぎるために、前期大衆や後期大衆から見るとやや馴染みにくい存在なのです。

　企業がマーケティングを行う上で大切なのは、自社製品の性格を押さえ、製品の普及がどのように進むかを予想することです。その上で、他人の購買に影響を与えるオピニオンリーダーを把握していくことが必要です。

## 5．ビジネスプランの実現化

**実現化のための方策**
1．結果の評価と分析
2．計画の修正
3．マイル・ストーンの設定
4．計画進行と規模拡大

　ビジネスプランは作って、それで終わりというものではありません。出てきた結果を評価し、分析を行う必要があります。当初立てた計画が、そのまま進むことは稀です。ベンチャー企業の場合、当初はあまり期待しなかった2番手、3番手の分野、製品が本業に替わって大きく成長することもよくあります。

　ビジネスプランを確実に実現していくための方法として、マイル・ストーンの設定があります。全体の計画をいくつかの段階に区切り、1つ1つをクリアーしながら前に進んでいくものです。ベンチャー企業がベンチャーキャピタルなどに資金提供を要請する場合にも、マイル・ストーンをはっきりさせることで、事業の進捗状況が説明しやすくなります。

　ベンチャー企業が事業を拡大していくに伴い、必要なヒト、モノ、カネの内容が変わっていきます。数人でやっているうちは、社長は社員全員とコミュニケーションを取ることも可能ですが、40人規模を超えると、社長がすべての従業員の行動を直接把握することはできません。社長の下にそれぞれの部門を管理する人を配置するなど、組織としての体制をつくる必要があります。次のページからは起業後の展開として、プロダクト・ポートフォリオ・マネジメントと商品・市場マネジメントについてみてみましょう。

## プロダクト・ポートフォリオ・マネジメント

|  | 低　　　マーケットシェア　　　高 |
|---|---|
| 高<br>市場の成長性<br>低 | 手のかかる子（戦略的商品）<br>・大切に育てる　　　花形商品<br>・育て上げる<br><br>負け犬（低迷商品）<br>・撤退か、起死回生か　　　金の成る木<br>・儲けで新たな研究開発 |

出所：ボストン・コンサルティング、和田他著『マーケティング戦略』有斐閣

　起業して新製品の開発に成功しても、そのままで企業の成功が保障されるわけではありません。自社の製品がどのカテゴリーに位置するかを把握し、次にどのような投資活動をするかを考えなければなりません。製品のカテゴリーは「市場の成長性」と「マーケットシェア」の2つの切り口で以下の4つに分類されます。「花形商品」については、市場の成長に見合う以上に投資してシェアを拡大していく戦略を取ります。「金の成る木」は、市場自体が成熟化しているので、儲けたお金をその市場に投入することを抑え、新たな研究開発に投入する方が賢明です。「戦略的商品」は、現在はお金を稼いでいないものの、今後の成長性が期待されるので、資金を投入して大切に育てることが必要になります。企業としては戦略的製品を早く花形商品に育てることが求められます。「低迷製品」については、将来性が期待できないので、いち早く撤退するか、起死回生の方策を取るしかありません。製品は以上のようなカテゴリーに分類されますが、実際には、その製品がどのポジションにあるのかを正確に判定することはなかなか難しいのです。ベンチャー企業が数多くの製品を持つことは少ないですが、企業として成長していくために、こうしたフレームワークを作ることが重要になります。

## 商品・市場マネジメント

|  | 商品の新規性 低 | 商品の新規性 高 |
|---|---|---|
| 市場の新規性 高 | 市場拡大戦略（市場開拓型） | 多角化戦略 |
| 市場の新規性 低 | 市場浸透作戦 | 新商品開発戦略（技術開発型） |

出所：H.I.アンゾフ、和田他著『マーケティング戦略』有斐閣、大江『なぜ新規事業は成功しないのか』日本経済新聞社

　次に少し違う角度から企業が成長していく戦略をみてみましょう。コカコーラは製品の発売以来100年間も、ほぼ同じ商品で成功していますが、これは非常に稀なケースです。ほとんどの企業は次の商売のネタを探さないと、早晩、行き詰ってしまいます。商品と市場を既存市場か新規市場かで分類することで、4つの戦略に分類することができます。「市場浸透戦略」は既存の製品と既存の市場で成長を図るものです。この場合は市場自体がまだ成長していることが前提になります。「新商品開発戦略」は同一の顧客ベースに対して、多様な商品を投入したり、新商品による商品の切り替えを行う戦略です。自動車業界における新車投入やパーソナル・コンピュータのバージョンアップが典型的な事例です。「市場拡大戦略」は既存の市場が飽和状態になった場合に、新たな市場を開拓する戦略です。典型的なものとしては、企業の海外進出があげられます。自動車産業では、国内市場が既に成熟化し、これ以上拡大する余地はありません。しかし、市場規模が大きい米国や急速に市場規模が拡大している中国などへの進出は、市場拡大戦略に基づくものです。「多角化戦略」は新製品をもって新市場に参入するやり方です。従来やっていた分野とまったく異なる分野に新たに進出するため、持っている経営資源の優位性を活かすことができません。従って、最もリスクの高い戦略となります。かつて、新日本製鐵をはじめとする大

手鉄鋼メーカーが半導体事業に参入し、多額の投資を行ったのにもかかわらず、どの企業も成功できませんでした。現在は多角化といっても、既存の経営資源との相乗効果が最低限必要であるといわれています。

# 第7章 マーケティングと地域特性の把握

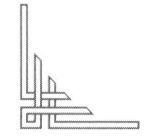

1．マーケティングとは？
2．マーケティングの基礎
3．地域の経済特性を理解する

## 1．マーケティングとは？

消費者ニーズの理解、製品の革新、品質の向上、顧客サービスの充実、価格設定、流通経路の選定を含んだ「売れる仕組み、儲かる仕組み」を構築すること

　本章では、ベンチャー企業を経営していく上で如何にマーケティングが重要であるかについて説明します。マーケティングは販売促進のための単なる広告ではなく、実は非常に広い概念です。マーケティングを定義すると、消費者ニーズの理解、製品の革新、品質の向上、顧客サービスの充実、価格設定、流通経路の選定を含んだ「売れる仕組み、儲かる仕組み」を構築することであり、企業経営の本質に関わる重要な要素なのです。言い換えればマーケティングは製品戦略だけではなく、事業戦略、企業戦略にまで関るものになっています。ビジネスプランの作成において売上や利益を見積る際にも、対象顧客や値段の設定が必要となります。ここでしっかりとマーケティングができていないと、ビジネスプラン自体が絵に描いた餅に終わる危険性があります。

　これまで、日本のビジネスにおける成功モデルは「いいものをたくさん作る」ことに集約されていました。この背景には、戦後の焼け野原で必要なものが圧倒的に不足していた時代があり、国策として安い人件費を活用した大量生産・大量消費を打ち出し、国民も均一的に豊かになっていくことに満足していました。こうした時代には、マーケティングはそれほど必要とされませんでした。トヨタがクラウンを開発したら、誰もがその車を欲しいと思った時代なのですから。しかし、生活水準が向上した日本には多様性が生まれました。その結果、ライフステージ、所得格差を基に市場を細分化し、それぞれの市場に対応した戦略を作る必要が生じたのです。さらに日本の場合、頻発する熱狂的なブームは企業にとっては大きなチャンスとなります。例えば、何年か前まで若い男性

の間ではロン毛（長髪）が流行っていましたが、今は短髪の方が人気があります。この動向をいち早く察知した企業は、髪のケアやヘアスタイルフォーム等の市場で優位に立っていたはずです。

　次に地域の経済特性に関してですが、皆さんが今、住んでいるところでベンチャー企業を立ち上げるとします。では、皆さんは自分が住んでいる街や市・県・地域について、どの程度詳しいでしょうか。感覚や噂でなんとなく理解しているかもしれませんが、ビジネスを始めるのであれば、それを数字で把握する必要があります。そうすることによって、意外な盲点や新たなビジネスチャンスが見えてくるのです。

---

### マーケティングの重要性と地域特性

■「いいものを作れば売れる」という神話？
■皆さんが住んでいる地域についてどの程度知っていますか？

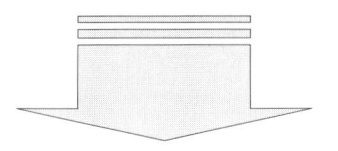

⬇

地域の経済特性を理解し、マーケティングに活かす

## 2．マーケティングの基礎

### 4P（Product, Price, Place, Promotion）
扱う製品・商品が決まった。どうすれば売れるか？
- いくら？
- どこで？
- 販売促進・広告？

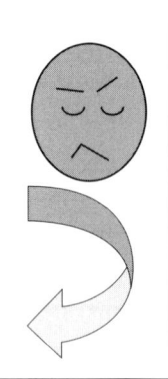

　次のやりとりは、ある技術系ベンチャー企業の社長とベンチャーキャピタリストの会話です。

　「この技術は他では真似ができない画期的なものです」と社長が熱弁を振るっています。ところが、「どこの誰に、いくらでどのように売るのですか」とベンチャーキャピタリストが訊ねると、社長は黙ってしまいました。

　研究者であれば、最先端の技術を目指すだけでよいかもしれませんが、企業家としては失格です。むしろ、技術のレベルを抑えても、相応の値段で問題のない商品を作り、上手く宣伝して販売し、利益を出せれば、ビジネスとしては成功です。つまり、マーケティングによって「売れるための差別化」ができれば、ビジネスとしては成立するのです。身近な成功例としては、100円ショップが挙げられます。マーケティング戦略を徹底し、「何でも100円＝何でも安い」という認識を消費者に浸透させ、差別化に成功しています。

　本章では、マーケティングの基本的な考え方4Pと3Cの2つを紹介します。まず、4Pという考え方ですが、これはProduct：製品・商品、Price：価格、Place：場所、Promotion：宣伝、の頭文字から取っています。この4つのPの切り口からマーケティングを考えるというものです。一見してわかるとおり、Productは重要ではあるものの、利益を上げるまでの一過程に過ぎず、他の3つの要素も

十分に考慮しないと、売上や利益は生み出せません。ベンチャー企業の社長は、技術者として高い能力（もしくは技術を理解する能力）があることに加えて、その製品・商品を利益に繋げるマーケティング戦略に対する理解も深くなければなりません。次ページからは、それぞれのPについて説明していきます。

---

### Price：いくら？

■ブランドものでなくても、高いものを買いますか？
■コスト積み上げ、競合製品との比較、シェア志向

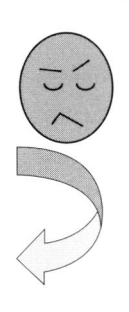

---

　Priceは、価格の決め方です。商品や製品の価格は、コストの積み上げに加えて、競合製品との比較、シェア拡大志向、宣伝効果等を勘案しながら決定していきます。高く売れれば儲けが大きくなることに加えて、大抵の場合は自社製品に惚れ込んでいますから、社長としては高価格に設定したい誘惑に駆られることになります。しかしながら、安売り競争が日常化している日本においては、高価格戦略を採用するには相応の根拠が必要です。1つにはブランド戦略があります。例えば、量販店で数百円で販売されているサッカーのスパイク入れと何ら変わりもないナイロン製のかばんであっても、ロゴが入るだけで何万円もの値段が付き、それが飛ぶように売れます。ベンチャー企業はそれまでの実績やブランド力がないため、容易に高価格戦略は取れないのです。ベンチャー企業が扱うのは、新しい発想の商品や製品なので、今起こっている低価格競争には巻き込まれないと楽観視する人もいます。しかし、いくらこれまでにないビジネスを展開しようとしても、それが儲かるとわかれば、多くの競合他社が参入してきます。これによって、十分な利益をあげている市場での地位はすぐに消滅してしまうのです。

> **Place：どこで？**
>
> ■米国ロスアンジェルスと東京の商店街では販売方法を変えますか？

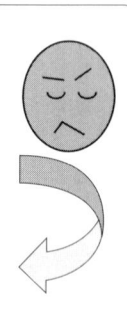

　Placeでは、主に販売する地域を設定します。市内、県内、国内、世界中どこで商売を展開してもかまいませんが、販売対象地域を広げれば、多様性も急速に広がります。当然、それに適応するように製品・商品の設計・値段等も再考しなければなりません。マクドナルドでさえも、味や値段は国ごとに少しずつ違うのです。

　最近はインターネットが発達したため国内だけでなく、すぐに海外でも販売ができると考えられていますが、インターネット販売にかかるシステム構築、セキュリティ、人員等のコストは想像以上に大きく、さらに言語、習慣、宗教の違う地域を対象に加えれば、コスト高となって跳ね返ってきます。それよりは、自分の住んでいる狭い地域を対象に、近くのフリーマーケットやレストラン等の情報提供を行う商売（携帯電話向けのソフト配信など）をする方が、はるかに現実的で儲かるプランかもしれません。

　また、販売チャンネルも多様化しているため、ターゲットとする顧客にあった体制で臨むことも求められます。例えば、携帯電話は直販店、都心の携帯電話専門代理店、郊外型家電ショップ等で販売されています。これは、主要な顧客が若者とサラリーマンなので、彼らがよく足を運ぶという意味で正しい選択でした。しかし今後、高齢者を取り込もうとするのであれば、新たな販売ルートを構築していかなければなりません。こうした成長市場の盲点も、ベンチャー企業にとっては、大きなビジネスチャンスになります。

> **Promotion：販売促進・広告？**
>
> ■新聞チラシ、ティッシュ配り、テレビコマーシャル、
>   インターネット、口コミ

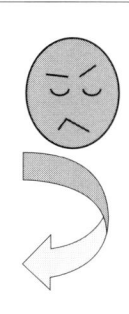

　Promotionは、広告、宣伝等に代表される販売促進です。地道なティッシュ配りから華々しいテレビコマーシャル、それ以外にも昔からある新聞広告や最近はやりのインターネットやE-mail配信を利用したものまで数多くの方法があります。

　広告・宣伝もコストを伴うので、生み出す利益を考えながら実行しなければなりません。広告しなくてもお客が集まってくる企業が理想的ですが、知名度が低いベンチャー企業ではそうはいきません。対象とする顧客に最も効率的に印象付けて、購買にまで繋げることが重要です。広告・宣伝も営業と同様に、目に見える結果が常に求められます。

　もう少し具体的な話をしましょう。例えば、2、3年前のインターネットブームの時はITツールを活用した広告が安く、大量に、かつ一度に行えるため、最高の広告ツールとしてもてはやされました。しかし、その後、携帯電話に入ってくる未承諾広告はじっくり読まれない等、思ったほど効果がないことがわかりました。また、最近は新聞を読まない学生が多いので、かつてのように学生をターゲットにした商品を新聞広告に出しても効果が薄いのです。1つ究極的な広告といえば、口コミです。口コミの効果が非常に大きいことがわかってきましたが、問題は自社の思うような内容の口コミを、意図的に作り出すことは極めて困難であることです。

> ## 3C（Company, Competitor, Customer）
> ビジネスには常に相手がいる。お互いの力関係は？
>
> ■自社の位置づけ？
> ■（潜在）競合他社？
> ■顧客？

マーケティングにおいて、もう1つの重要な概念は3Cです。4Pは、自社内の戦略的な意味合いが強かったのですが、3Cは他者との繋がりに、より重点が置かれています。材料の仕入れ、協力会社、競合他社、金融機関、卸売業者、顧客といった相手との力関係を考える必要があります。ベンチャー企業はこれまでの体制や秩序を、ある意味で破壊して業界に参入していくことになるので、この考えは重要です。特に、日本では業界団体を含めて、ドライなビジネス関係だけではなく、いろいろなしがらみがあるのも事実です。あるときはこれらを打ち破るための戦略を立てる必要があります。

さて、3Cの説明に入ります。これはCompany：自社、Competitor：競合他社、Customer：顧客の頭文字をとったもので、ポジショニングを正確につかむためのアプローチ方法です。特に自分の技術にほれ込んでいるベンチャー企業の社長は、自社の相対的な力関係を過信していることがあります。企業のポジションを見誤ると、微妙な力関係の上に成り立つビジネスでは失敗に繋がります。

> **Company：自社の位置づけ？**
>
> ■新規参入、新市場開拓者、ニッチ市場狙い？

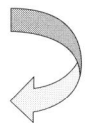

・Companyでは、自社が一体どのようなポジションにいるのかを考えます。まず、自社が開発した製品や商品は、既に市場にあるものと、どのような点で差別化できるでしょうか。技術が斬新でも顧客にとっての効用は変わらない場合には、現在ある市場への新規参入者に過ぎません。また、新しいビジネスが特許等で守られていれば別ですが、現時点でどれほど画期的なビジネスモデルであっても、すぐに陳腐化してしまうことが多いのです。例えば、コンビニエンスストアという形態の商店が初めて登場した頃は、夜中の12時まで営業するというサービスが差別化要因（PoD：Point of Difference）でしたが、すぐに他の業種も追随し、今ではスーパーマーケットでさえ、夜中の12時まで営業しているところがあります。「商店が夜中まで開いている」は、既に必要最低限のサービス（PoP：Point of Parity）になりつつあります。こうした自社の差別化のポイントを見誤れば、売上や利益はすぐに下落します。常にアンテナを張って、自社のポジションを見極めていく必要があります。

> # Competitor：（潜在）競合他社
>
> ■本当に儲かるビジネスであれば厳しい競争があります。

　Competitorの部分では競合他社との価格競争や技術優位性、時には訴訟合戦にまで発展するような争いに、どのように打ち勝っていくかといった相対的な力関係を把握します。自社が新規市場開拓者であったとしても、既存の製品・商品で満足していなかった顧客を獲得するので、必ず他の企業は割を食います。そうした企業は黙って市場から退出するよりも、価格競争に打って出るなど、反撃してくるケースがほとんどです。また、競合他社同士が提携しながら対抗してくることも考えなくてはなりません。ベンチャー企業が参入するような新興市場においては、刻一刻と競合関係が変化するので、上手くスタートが切れたとしても、その後の競争で生じる相対関係の変化を考慮して柔軟なビジネスプランを立てないと、事業はすぐに行き詰まってしまいます。

　競合他社と正面から衝突するのを避けるような戦略の方が、効果的であることもあります。例えば、開発した製品や技術を大手企業に売却したり、他の企業が興味を持たないようなニッチ（隙間）市場を狙って事業を行う、または縮小しつつある市場で利益を確保するようなやり方です。

> **Customer：顧客？**
>
> ■男女、年齢、資産、国、宗教、人種

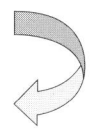

　Customerでは、顧客との関係を考えます。性別、年齢、資産規模、国、宗教、人種等によって求めるサービスは大きく異なります。例えば、携帯電話の利用方法でも、年齢が違えば使用頻度や趣向に大きな差があります。若者の間で人気がある着メロ配信サービスも中年層には、ほとんど受け入れられていません。さらに、この市場で時代の流れに敏感な若者を顧客として獲得するには、値段、新曲配信、稀少曲等で付加価値を付けて顧客との関係を築き上げる必要があります。

　また、多くの既存企業が会員カード等を駆使してデータを収集しているのに比べ、ベンチャー企業にはこれまでの顧客データの蓄積がありません。そこで、最近、各自治体が取り組み始めているベンチャー企業向け販路拡大支援策を利用して、大手商社などと提携することも考えられます。このようにマーケティングをアウトソース（外部委託）することも、人的資源が乏しいベンチャー企業には1つの選択肢となります。

　ところで、日本においては、顧客が説明書を読まずにパソコンをセットアップして上手く起動しなかったとしても、その責任は販売した方にあるかのような社会風土が形成されています。この状況から企業にとって、アフターサービスを充実させる必要があるという側面が強調されます。しかし、こうした側面を逆手にとって、アフターサービスに特化したビジネスを展開することも可能

なのです。このように、3Cを用いてポジションを理解することは、ビジネスチャンスを見つけ出すよい手段です。

## 3．地域の経済特性を理解する

■皆さんが住んでいて感じる感覚は本当に正しいですか？　データを用いて検討しましょう。

> ホントにデフレなの？
> 結構金かかってるよ。

> 高校を卒業すると
> 大阪や東京に行く人が多いなぁ。

> 高齢化が騒がれているけど、
> そんなに多いのかな？

> 「失われた10年」って、
> そんなに景気悪かったかな？

　次に、マーケティングをしていくには、経済特性を数字で正確に把握しておく必要があります。ベンチャー企業の経営者は数字にも強くなければなりません。皆さんが日常生活で感じていることを数字で把握することで、次のステップであるマーケティングを行う際に役立ちます。逆に、確信していたイメージがまったくの誤りであることがわかって、事業の失敗を未然に防げることもよくあります。一例として、高齢者向けのケア・サービスのビジネスを考えていた起業家をみてみましょう。起業に向けて、地域の状況をよく調べた結果、その地域の高齢者の割合は増えているものの、地域全体の人口がそれ以上に落ち込んでいて、高齢者も人数としては減少していることが判明しました。結果的に起業家はその事業を断念しました。

　また、数字で示せるような客観的な根拠がなければ、ベンチャーキャピタルや銀行を納得させて資金を調達することは不可能です。資金的な面以外にも、ベンチャー企業を軌道に乗せるには、取引先を含めて多くの関係者からの賛同

を取り付けなければなりません。そのためには起業意欲に加えて、地域の経済特性の点においても、数字に裏付けられた客観性があるビジネスプランの作成が求められています。

# 第8章　ベンチャー企業の資金調達

1．ビジネスと資金調達
2．資金の種類と調達方法
3．資本政策とは
4．ベンチャー企業への融資
5．起業の実際

# 1. ビジネスと資金調達

```
アイデア（Seeds, Needs, Wants）
起業機会 → コンセプト
経営資源　ヒト・モノ・カネ・時間・情報…
　　　　経営　　　資金調達
　　　　　　　　（ファイナンス）
　　　会社の価値
商品（製品・サービス）　損益 ⇔ Cashflow［資金（繰り）］　世評
　　　　経営者や従業員の自己実現
　　　ビジョン・志
```

　ベンチャー企業の社長に起業の際に最も困難であった点を尋ねると、資金調達という答えが最も多く返ってきます。ベンチャー企業にとって事業遂行のためのお金をどのように調達してくるかは大きな問題です。しかしながら、事業の最初に資金調達の話が来るということではありません。あくまで前に説明したビジネスプランが大本にあります。これを実現する手段として最適な資金調達を考えていきます。よくあるケースとして、それまで堅実にやっていたベンチャー企業の社長がベンチャーキャピタルから思いのほか多額の資金が調達できた結果、身の丈を超えた投資を始めて失敗してしまうことがあります。本章では、資金調達の進め方や金融機関のベンチャー企業に対する視点についてみていきます。

## 2．資金の種類と調達方法

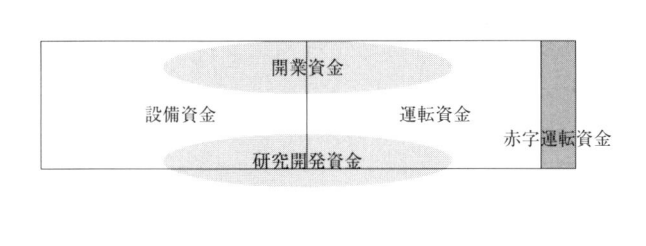

```
┌─────────────────────────────────────────┐
│            開業資金                      │
│   設備資金        運転資金    赤字運転資金 │
│         研究開発資金                     │
└─────────────────────────────────────────┘
```

　事業を行う場合、必要な資金は大きく分けて設備資金と運転資金です。年間を通じてみれば利益が出ていても、月によっては売上が多く立つ月、少ない月など違いがあり、入金と出金があわない時期が生じることもあります。それを補うのが運転資金です。例えば、スキー場のホテルを経営する場合、売上は冬期に集中し、夏期にはほとんど立ちません。だからといって、冬期だけ社員に給料を支給するわけにはいかないので、シーズンオフの夏期には必要な資金を調達しなければなりません。何か製品を作る場合、手元に部品などの在庫を置く必要がありますが、売上が立つまでには時間がかかるので、この場合にも運転資金が必要となります。

　設備資金は工場、店舗などを購入するための特別・臨時的な支出です。これ以外の資金としては、開業資金があります。店を始めるときの不動産の購入費などの設備資金や当面の材料の購入代などの運転資金が含まれます。研究開発資金は、すぐには売上には繋がりませんが、将来の事業を育てるために支出する資金です。研究開発用の機械を購入するといった設備資金や研究者の人件費、研究材料の購入費などの運転資金の両方が含まれます。

　運転資金は入金と出金のずれを埋め合わせるために使いますが、このずれが一時的ではなく、慢性的になると、その足りない部分を埋め合わせるために、

さらに資金が必要になります。これが赤字運転資金です。赤字運転資金の発生が続けば、企業はすぐに行き詰まってしまいます。早急に事業計画を見直して赤字を止めることが必要です。

---

### キャッシュフローとは

■キャッシュフローとは
　現金の流れを指します。
■キャッシュフローの概算法
　キャッシュフロー＝税引前利益＋減価償却費－＊増加運転資金－前期法人税
　＊増加運転資金＝（売上債権＋在庫投資－買入債務）×売上増加額／売上高

---

　ここではキャッシュフローについて整理しましょう。企業は利益をあげていても、現金がまわっていかなければ行き詰まります。そのためキャッシュフローを正確に把握しておくことが重要です。利益は、売上－費用です。売上の中には、入金が後になるものも多いのです。また費用の中には、減価償却費のように実際には現金の支払いが発生しない費用もあります。従って、利益とキャッシュフローは一致しないのが一般的です。概算法としては、利益に現金の支払いが発生しない減価償却費を加え、一方、費用には入らないものの、実際には支払いが必要になる増加運転資金や前期法人税を差し引いたものがキャッシュフローとなります。増加運転資金は売上の増加に伴って発生する資金需要のことです。前期法人税を引くのは、法人税は年度の決算を閉めた後に、その額を納付するので、実際の支払いは翌期になるからです。

## 資金繰り表（1）

カネ（資金）の出入りを記録し、現金残高を管理する。
→損益計算書（P／L）、貸借対照表（B／S）作成の原データになる。

|  | 勘定科目 | 期首処理 | 1 | 2 | 3 | 4 | 5 | 6 | 7 | 8 | 9 | 10 | 11 | 12 | 期末処理 | 当期計 |
|---|---|---|---|---|---|---|---|---|---|---|---|---|---|---|---|---|
| 入金 | ア |  |  |  |  |  |  |  |  |  |  |  |  |  |  |  |
|  | イ |  |  |  |  |  |  |  |  |  |  |  |  |  |  |  |
|  | ウ |  |  |  |  |  |  |  |  |  |  |  |  |  |  |  |
|  | エ 受取保険金 |  |  |  |  |  |  |  |  |  |  |  |  |  |  |  |
|  | オ 借入金 |  |  |  |  |  |  |  |  |  |  |  |  |  |  |  |
|  | カ 資本金 | 300 |  |  |  |  |  |  |  |  |  |  |  |  |  | 300 |
|  | キ 売上 |  |  |  |  |  |  |  |  |  | 80 |  | 40 |  |  | 120 |
| 出金 | ク |  |  |  |  |  |  |  |  |  |  |  |  |  |  |  |
|  | ケ 機械工具 |  |  | 100 |  |  |  |  |  |  |  |  |  |  |  | 100 |
|  | コ 労務費 |  |  |  |  |  |  |  |  |  |  |  |  | 15 |  | 15 |
|  | サ 製造経費 |  |  |  |  |  |  |  |  |  |  |  |  | 15 |  | 15 |
|  | シ 投入費 |  |  |  |  |  |  |  |  |  |  |  |  |  |  |  |
|  | ス 完成費 |  |  |  |  |  |  |  |  |  |  |  |  |  |  |  |
|  | セ 材料 |  |  |  |  | 30 |  |  |  |  |  |  |  |  |  | 30 |
|  | ソ |  |  |  |  |  |  |  |  |  |  |  |  |  |  |  |
|  | タ 販売費 |  |  |  |  |  |  |  |  |  |  |  |  | 15 |  | 15 |
|  | チ 一般管理費 |  | 5 |  |  |  |  |  | 5 |  |  |  |  | 15 |  | 25 |
|  | ツ 研究開発費 |  |  |  |  |  |  |  |  |  |  |  |  |  |  |  |
|  | テ 営業外費用 |  |  |  |  |  |  |  |  |  |  |  |  |  |  |  |
|  | ト 借入金返済 |  |  |  |  |  |  |  |  |  |  |  |  |  |  |  |
|  | ナ 配当 |  |  |  |  |  |  |  |  |  |  |  |  |  |  |  |
|  | ニ 納税 |  |  |  |  |  |  |  |  |  |  |  |  |  |  |  |
|  | 現金残高 | 300 | 295 | 195 | 165 | 165 | 165 | 165 | 160 | 160 | 240 | 240 | 240 | 280 | 220 |  |

入金合計 420　出金合計 200

（単位：百万円）

　必要な資金を把握するために資金繰り表を作成する必要があります。資金繰り表は簡単にいえばお小遣い帳のようなものです。上記の資金繰り表をみていきましょう。最初に資本金として3億円が入金されています。そして事務所を借りるのに5百万円を支払っています。次に機械・工具を購入するため1億円を支出、材料を購入するために3千万円を支出しています。その後、売上があがり8千万円が入金されています。毎回の処理が終わるごとに現金残高を管理します。その期間の入金と出金を合計して、その差が現金の残高となります。実際の処理を記入していけば「資金繰り実績表」となり、今後の予定を記入しておけば「資金計画表」となります。資金繰り表はその会社の損益計算書や貸借対照表を作成するための原データとなっていきます。資金繰り表の大まかな流れは以上ですが、実際の資金繰り表はもう少し複雑です。その点は次のページで解説していきましょう。

## 資金繰り表（2）

資金計画（資金繰り表、CF計算書）

| | 期首 | 4月 | 5月 | 6月 | 7月 | 8月 | 9月 | 10月 | 11月 | 12月 | 1月 | 2月 | 3月 | 合計 |
|---|---|---|---|---|---|---|---|---|---|---|---|---|---|---|
| Ⅰ．営業活動によるCF | 0 | ▲6 | ▲4 | ▲125 | ▲9 | ▲8 | ▲8 | ▲10 | ▲8 | ▲13 | ▲10 | ▲8 | 103 | ▲106 |
| 入金　売上 | | | | | | | | | | | | 112 | 112 |
| 　　　受取利息・配当 | | | | | | | | | | | | | | 0 |
| 出金　材料費 | | | | 117 | | | | | | | | | | 117 |
| 　　　機械稼働費 | | | | | 1 | 1 | 1 | 1 | 1 | 1 | 1 | 1 | | 8 |
| 　　　箱詰他経費 | | | | | 1 | 1 | 1 | 1 | 1 | 1 | 1 | | | 7 |
| 　　　設備維持費 | | | | 2 | 2 | 2 | 2 | 2 | 2 | 2 | 2 | 4 | | 20 |
| 　　　製造労務費 | | 1 | 1 | 3 | 1 | 1 | 1 | 1 | 1 | 2 | 1 | 1 | 1 | 15 |
| 　　　販売員人件費 | | 1 | 1 | 1 | 1 | 1 | 1 | 1 | 1 | 2 | 1 | 1 | 2 | 15 |
| 　　　一般管理費 | | 4 | 2 | 2 | 2 | 2 | 2 | 2 | 2 | 5 | 2 | 2 | 3 | 30 |
| 　　　支払利息 | | | | 2 | | | 2 | | | 2 | | | | 6 |
| Ⅱ．投資活動によるCF | | ▲10 | ▲90 | 0 | 0 | 0 | 0 | 0 | 0 | 0 | 0 | 0 | 0 | ▲100 |
| 入金　資産売却 | | | | | | | | | | | | | | 0 |
| 出金　開業費 | | 10 | | | | | | | | | | | | 10 |
| 　　　設備購入費 | | | 90 | | | | | | | | | | | 90 |
| Ⅲ．財務活動によるCF | 100 | 200 | 0 | 0 | 0 | 0 | 0 | 0 | 0 | 20 | 0 | ▲20 | | 300 |
| 入金　資本金 | 100 | | | | | | | | | | | | | 300 |
| 　　　長期借入金 | | 200 | | | | | | | | | | | | 10 |
| 　　　短期借入金 | | | | | | | | | | 20 | | | | 0 |
| 出金　長期借入金 | | | | | | | | | | | | | | 0 |
| 　　　短期借入金 | | | | | | | | | | | | 20 | | 10 |
| Ⅰ＋Ⅱ＋Ⅲ | 90 | 104 | ▲4 | ▲125 | ▲9 | ▲8 | ▲8 | ▲10 | ▲8 | ▲13 | 10 | ▲8 | 83 | 94 |
| 現金等残高 | 90 | 194 | 190 | 65 | 56 | 48 | 40 | 30 | 22 | 9 | 19 | 11 | 94 | 94 |

（単位：百万円）

　実際の資金繰り表は営業活動によるキャッシュフロー（CF）、投資活動によるCF、財務活動によるCFの3つに分類して記載していきます。営業活動によるCFは通常の営業活動によって生じる売上や人件費、材料費などのさまざまな経費の支払いが入ります。投資活動によるCFには資産の売却による入金、開業費、設備購入などの出金が含まれます。財務活動によるCFは資本金や金融機関からの借入・返済を記載します。3つに分類して記載するのは、その企業のお金の流れを分析するためです。一緒に扱うと、どの部分からの入金が多いのかが不明確になります。例えば、営業活動による入金が多いのは良いことですが、財務活動からの入金が多いのは理由を確かめる必要があります。

　資金計画表は、1年間にかかる費用をすべて計算し、そこから期初にどれだけ資金が必要になるかを考え、金融機関から借りる金額を決める、というように利用します。他には、12月に現金の残高が少なくなり、1月に短期の借入を起こす必要がある場合に、このような資金計画表をもって金融機関に説明に行きます。金融機関のサイドから見ると、こうした資金計画表がきちんと作成されていなければ、融資に関する交渉のテーブルにはつけません。

## 現在価値とは

> 異なる時点のキャッシュフローは同じ額であってもその価値は異なることから、それぞれのキャッシュフローを共通の時点（現在時点）の価値に直すこと。

ex.) 現時点での100万円と1年後の100万円はどちらが価値が高いか？

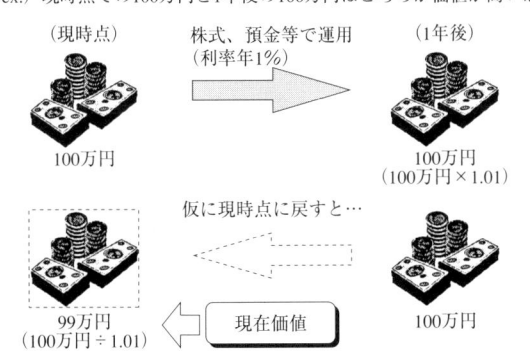

(現時点) 　株式、預金等で運用　(1年後)
　　　　　　(利率年1％)

100万円　→　100万円
　　　　　　　(100万円×1.01)

仮に現時点に戻すと…

99万円　←　現在価値　　100万円
(100万円÷1.01)

　収支計画などを評価する際に、「現在価値」という概念が出てくるのでここで説明しておきましょう。

　現在価値という考え方は、異なる時点での金銭価値は額面上は同額であったとしてもその価値は異なる、という考え方に基づいています。例えば、現時点で100万円をもらう場合と、来年度100万円をもらう場合、現在価値の概念を導入すれば現時点で100万円をもらう方が得であることがわかります。なぜなら、現時点で100万円をもらっておいて年利1％の金融商品（預金等）で1年間運用すれば1年後には101万円になるからです。つまり時間という概念を考慮した場合、同じ100万円であっても時点が違えばその価値は異なるのです。

　では1年後の100万円は現時点のいくらと等しいのでしょうか。答えは100万円÷1.01＝99.0099…万円です。なぜなら99.0099…万円を年利1％で運用すれば99.0099…万円×1.01＝100万円だからです。

　このように、異なる時点のキャッシュを評価するために現在という基準時点に直してどれくらいの価値があるのかを示したものが現在価値です。ほとんどの事業は数年間の収支を評価する必要があるため、現在という共通の時点の価

値に直して各期のキャッシュフローを比較することが必要となるのです。

## キャッシュフローを意識した事業判断

| A | | | | (億円) |
|---|---|---|---|---|
| 事業年度 | 0 | 1 | 2 | 3 |
| 投資額① | ▲10 | | | |
| キャッシュフロー① | | 5 | 5 | 5 |
| 割引率 | 0.04 | | | |
| $(1+r)^n$ ② | 1 | 1.04 | 1.0816 | 1.1249 |
| ①÷② | ▲10 | 4.808 | 4.623 | 4.445 |

現在価値＝3.88億円

| B | | | | (億円) |
|---|---|---|---|---|
| 事業年度 | 0 | 1 | 2 | 3 |
| 投資額① | ▲10 | | | |
| キャッシュフロー① | | 0 | 5 | 10 |
| 割引率 | 0.04 | | | |
| $(1+r)^n$ ② | 1 | 1.04 | 1.0816 | 1.1249 |
| ①÷② | ▲10 | 0 | 4.623 | 8.89 |

現在価値＝3.51億円

キャッシュフローの単純合計は同じ15億円でも、キャッシュフローの発生の違いによって現在価値には違いが出る。
本件の場合、BよりもAの方が収益性の高いプロジェクトといえる。

　上図のAとBのどちらの事業が有利でしょうか？　それぞれ0年度を基準年度として現在価値換算した場合、どうなるのでしょうか。
　まず割引率をもとに各年度の分母（$1+r$)$^n$を求めます。割引率は現在価値を求めるための割戻し率を指し、国債の利回り（過去10年間の平均3％）にインフレ率1％を加えたものや、借入金利、株式と借入の加重平均資本コストなどが使われます。0年度は基準年なので1、1年度は（$1+r$)$^1$＝1.04、2年度は（$1+r$)$^2$＝1.0816…となります。あとは各年度の投資額あるいはキャッシュフローをこの値でそれぞれ割れば、各年度の現在価値額が算出されます。投資額はマイナス（資金流出）項目のため、例えばAでは－10＋4.808＋4.623＋4.445＝3.88億円となります。
　ここでAとBのプロジェクトを比較してみましょう。投資額とキャッシュフローの数値をみると、ABどちらも投資額は10億円、キャッシュフローの単純合計も15億円です。ところが現在価値に引きなおして見ると、Aの方が0.3億円ほど高いのです。これは両者のキャッシュフローの発生時期の違いによるもの

です。キャッシュフローをみると、Aは投資後1年目からキャッシュが入ってきているのに対し、Bは1年目はゼロです。Bの方がキャッシュの発生が遅い場合、BよりもAの方が収益率の高いプロジェクトと判断されます。ベンチャー企業が事業を行う場合にも、キャッシュフローに基づいて計算した事業価値によって優劣が判断されます。

## 損益計算書の作成

■損益計算書：一定期間（通常1年間）における会社の利益・損失の額を計算するもの

（百万円）

| 売上 | 100 | 売上原価 | 変動費 | | 70 |
|---|---|---|---|---|---|
| | | （限界利益） | 固定費 | 製造固定費 | 40 |
| | | 30 | 50 | 販売・管理費 | 5 |
| | | | | 営業外費用 | 5 |
| | | 経常損益 | | | ▲20 |
| | | 特別利益 | | | 10 |
| | | 特別損失 | | | ▲10 |
| | | 法人税等 | | | ── |
| | | 最終損益 | | | ▲20 |

　前で説明した資金繰り表をベースに損益計算書、賃借対照表を作成していきます。損益計算書は一定期間、通常は1年間で、その会社が儲かったのかどうかを計算する成績表のようなものです。上図を使って説明しましょう。1年間で100百万円の売上が立ち、材料、エネルギーなどの変動費（製品1単位ごとに比例的にかかる費用）70百万円を支出した結果、30百万円が残ります（限界

利益)。しかし、変動費以外に固定費(製品の単位にかかわらず発生する費用、人や設備にかかる費用などです)が50百万円かかったため、経常損益は20百万円の赤字になりました。経常損益から特別に発生した利益、損失を加減し、最終損益を求めます。

## 賃借対照表の作成

| カネ(資金)の<br>**運用** について | カネ(資金)の<br>**調達** について |
|---|---|
| カネを何に使ったか。 | どうやってカネを集めたか。 |
| ・カネ(現金)のまま<br>・資産購入<br>・費用支払 | ・資本金<br>・収益<br>・負債(借入) |

　前ページでは損益計算書について説明しました。損益計算書は一定期間のフローの概念で会社の状況を説明したものです。これに対し、貸借対照表は、その期間の期末における一時点での会社の財政状態を表しています。貸借対照表で企業の活動をみていきましょう。貸借対照表の左側(借方)は資金を何に使ったのか、または現金のまま持っているのか、という運用を表しています。右側(貸方)は資金をどのように調達したのかを表しています。調達は資本金なのか、借入なのか、収益によるものなのか、という区分になります。次のページからは、貸借対照表のいくつかのパターンを示しています。パターン1が収支相償の状態、パターン2が利益が出ている状態、パターン3は損失が出ている貸借対照表を表しています。

## 貸借対照表で考えてみると①

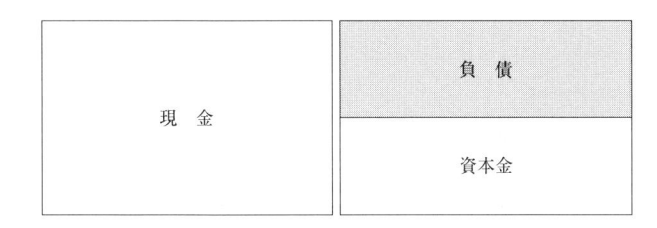

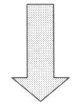

| 現　金 | 負　債 |
|---|---|
|  | 資本金 |

⬇

## 貸借対照表で考えてみると②

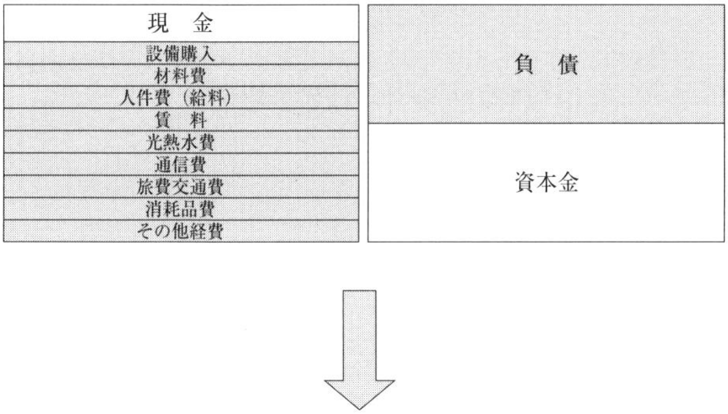

| 現　金 | 負　債 |
|---|---|
| 設備購入 |  |
| 材料費 |  |
| 人件費（給料） |  |
| 賃　料 | 資本金 |
| 光熱水費 |  |
| 通信費 |  |
| 旅費交通費 |  |
| 消耗品費 |  |
| その他経費 |  |

⬇

## 貸借対照表で考えてみると③

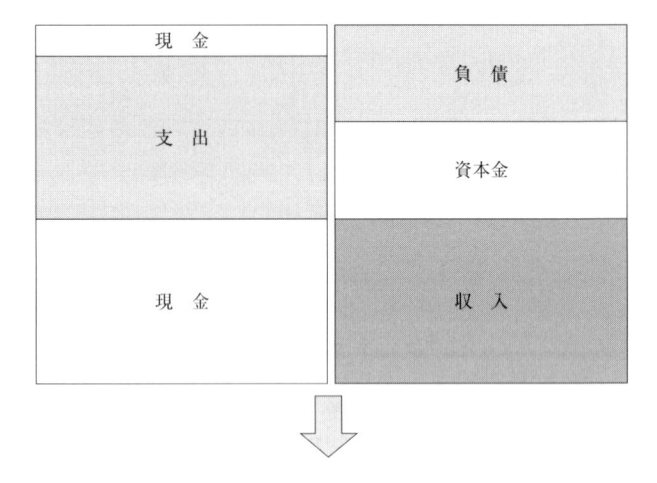

| 現　金 | 負　債 |
|---|---|
| 支　出 | 資本金 |
| 現　金 | 収　入 |

⬇

## パターン1（収支相償）

| 現　金 | 負　債 |
|---|---|
| 現　金 | 資本金 |

## パターン2（利益計上①）

| 現　金 | 負　債 |
|---|---|
| 現　金 | 資本金 |
|  | 利　益 |

## パターン2（利益計上②）

| 現　金 | |
|---|---|
| 現　金 | 負　債 |
| | 資本金 |
| | 利　益 |
| 現　金 | 利　益 |
| 現　金 | 利　益 |
| 現　金 | 利　益 |
| 現　金 | 利　益 |

## パターン3（損失計上）

| 現　金 | |
|---|---|
| 現　金 | 負　債 |
| | 資本金 |
| 損　失 | 損　失 |

## パターン3（債務超過）

| 現　金 | 負　債 |
|---|---|
| 損　失 | 損　失 |
| 損　失 | 損　失 |
| 損　失 | 損　失 |
| 損　失 | 損　失 |

> このように、累積損失で資本を食い潰してしまった状態が「**債務超過**」です。

## キャッシュフロー（CF）の「死の谷（Valley of Death）」

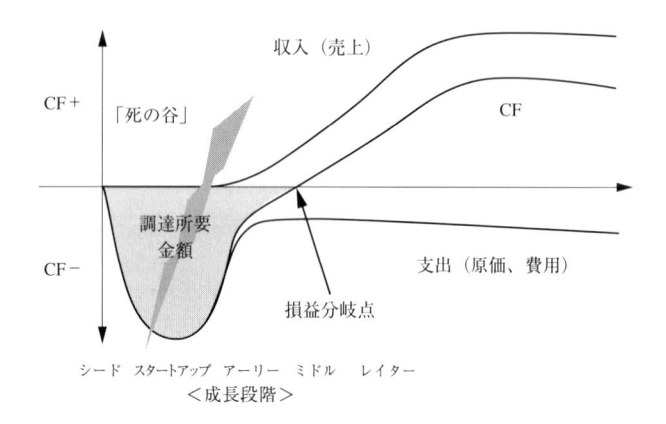

[図：キャッシュフローの「死の谷」を示すグラフ。縦軸はCF+／CF−、横軸は成長段階（シード、スタートアップ、アーリー、ミドル、レイター）。収入（売上）、CF、支出（原価、費用）の曲線、「死の谷」、調達所要金額、損益分岐点が示されている］

　ベンチャー企業の成長過程に関して、最近よく問題にされるのが「死の谷」です。ベンチャー企業がシード、スターアップ段階を経て事業を拡大する過程で、資金面や経営能力の面で行き詰まる状況を指しています。資金面に関しては、事業を拡大するために、今までに比べ大きな金額の資金が必要になるのですが、企業としてはベンチャーキャピタルや銀行が扱うほどには成長していないため、資金提供が受けられない状態に陥ります。ベンチャー企業はこの段階を乗り越えないと企業として成功することはできません。これを乗りきるには、バイオベンチャー企業の場合、例えば、製薬企業と提携することによって、販売権の一部を売り渡すかわりに研究開発資金を受け入れることで、当面の資金繰りを安定させることができます。IT関連のベンチャー企業は、ソフト開発などの副業で収入を確保することが考えられます。行政サイドとしても、ベンチャー企業から積極的に商品の購入を進めることや、つなぎ資金を供給する制度を創設することによって、ベンチャー企業を支援していくことが重要です。

## 資金調達手段のメリット・デメリット

| | メリット | デメリット | 調達源泉 | 会計上 |
|---|---|---|---|---|
| 出資 | 返済不要<br>使途自由<br>業績が悪ければ配当は不要<br>担保・保証人不要 | 資本政策、経営権の考慮が必要<br>配当は税引後利益から支払う | ベンチャーキャピタル、エンジェル、投資育成会社 | 資本金、資本準備金（自己資本） |
| 融資 | 経営権への関与は少ない<br>金利は損金算入（税制上） | 金利負担あり<br>期限に返済必要<br>使途が限定されるケース多い<br>担保・保証人の必要な場合が多い | 金融機関<br>　銀行、信用金庫、信用組合、政府系金融機関 | 借入金（負債） |
| 補助金 | 返済不要 | 使途限定<br>課税対象<br>金額は小さい | ベンチャー育成の公共法人、地方公共団体など | 受贈益（利益） |

　次にベンチャー企業が行う資金調達手段にはどういうものがあり、どのようなメリット・デメリットがあるのかをみていきましょう。

　まずは出資です。調達の源泉は、ベンチャーキャピタル、エンジェル、投資育成会社等があります。出資のメリットは、投入してもらった資金は返済が不要で、使途が比較的自由であることです。また、担保・保証人を立てる必要もありません。ただし、デメリットとして他の出資者が会社の経営権を握る可能性があること、また配当は税引後利益から支払う必要があることです。

　融資は、主に銀行など金融機関が資金の出し手となります。融資の場合、金利負担があり、期限内に返済する必要があります。借り入れに際して使途が細かく限定されてしまうデメリットもあります。さらに原則として、担保・保証人が必要となっています。ただし、メリットとしては経営権に対する介入が少ないこと、金利支払いは、税制上、損金算入ができることです。

　また、国や地方公共団体などからの補助金もあります。メリットは返済がいらないことです。ただし、デメリットとして、使途が限定されていること、金額は一般的にそれほど大きくないこと、補助金を受けていても、利益が出た場合は課税されてしまうことです。ベンチャー企業はそれぞれの手段のメリッ

## 外部資金と自己資金

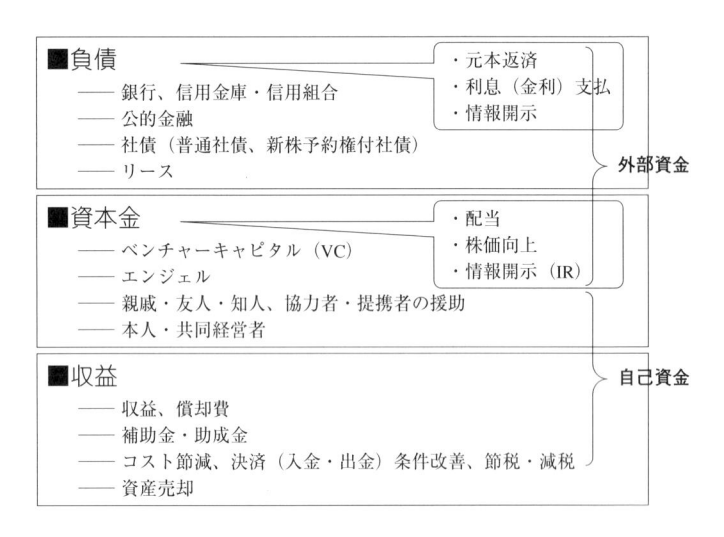

```
■負債                        ・元本返済
    ── 銀行、信用金庫・信用組合    ・利息（金利）支払
    ── 公的金融                ・情報開示
    ── 社債（普通社債、新株予約権付社債）
    ── リース                                    ⎫ 外部資金

■資本金                       ・配当
    ── ベンチャーキャピタル（VC） ・株価向上
    ── エンジェル              ・情報開示（IR）
    ── 親戚・友人・知人、協力者・提携者の援助
    ── 本人・共同経営者

■収益                                            ⎫ 自己資金
    ── 収益、償却費
    ── 補助金・助成金
    ── コスト節減、決済（入金・出金）条件改善、節税・減税
    ── 資産売却
```

ト・デメリットを考慮しながら資金調達を考えていく必要があります。

　銀行やベンチャーキャピタルからの調達は外部資金と呼ばれています。一方で、本人や共同経営者、知人、親戚から集めた資金は自己資金です。企業が売上を上げて利益が出るようになれば、これも自己資金となります。一般的に自己資金は企業が経営的に厳しいときでも、文句をいわないという点でHot Moneyと呼ばれ、外部資金は厳しい注文をつけてくるのでCool Moneyと呼ばれています。資金調達といえばCool Moneyというイメージが先行しがちですが、実際には銀行もベンチャーキャピタルもビジネスライクの厳しい要求が多く、自分たちが思っていた通りの事業が進められなくなる危険性があります。従って、ベンチャー企業を立ち上げる際には、まず第1歩として、Hot Moneyをいかに集めてくるかが大切になります。こんなことをいうと国や県の担当者からお叱りを受けるかもしれませんが、補助金は形式の上では外部資金ですが、返済する必要がなく、厳しい注文も比較的少ないので、Hot Moneyに分類できます。Hot Moneyをもとに、いかに企業を運営していくかが重要です。順番としては自己資金→ベンチャーキャピタルからの資金→借入が望ましいのです。ベンチャー企業の中には、ベンチャーキャピタルから億円単位のお金を集めて華々しくス

タートする企業もありますが、ほとんどの企業が、最初は自分でお金を貯めて始めるというパターンなのです。

## 3．資本政策とは

■株式公開に向けて、いつ、誰に、いくらで、どのような方法で、株式を譲渡、増資・割当てしていくかをデザインすること。

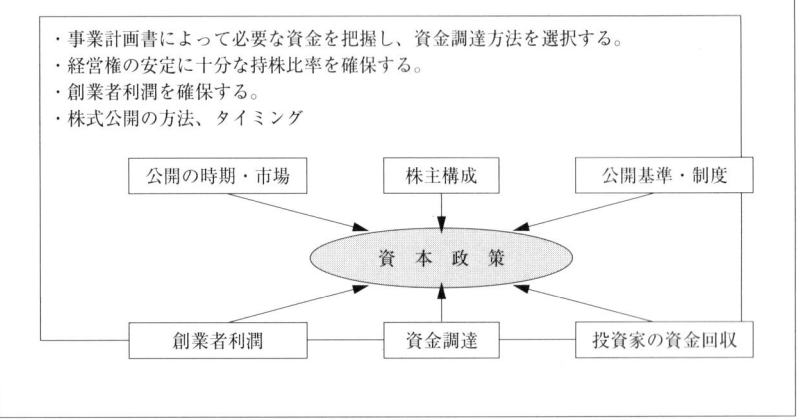

・事業計画書によって必要な資金を把握し、資金調達方法を選択する。
・経営権の安定に十分な持株比率を確保する。
・創業者利潤を確保する。
・株式公開の方法、タイミング

```
公開の時期・市場    株主構成    公開基準・制度
              ↘     ↓     ↙
                 資 本 政 策
              ↗     ↑     ↖
    創業者利潤     資金調達    投資家の資金回収
```

　資本政策とは、株式公開に向けて、いつ、誰に、いくらで、どのような方法で株式を割り当てていくかをデザインすることです。最初の議論として、その事業計画を前提にした場合、どのような資金調達手段を取るかを検討します。その上で、株式での調達をどのくらいにするかを決めます。前にも述べたように株式を割り当てることは、経営権を切り売りすることになるので、オーナーにとっては計画的に進めなければなりません。資本金が増えても、オーナーの全株式に占める割合が小さくなってしまうと、経営権を確保できなくなる可能性があります。また、資本政策においては役員や従業員のインセンティブを高めることや、創業者利潤の確保も念頭に置く必要があります。株式公開を考えた場合、オーナー、ベンチャーキャピタルなど、それぞれの持株比率が重要になってきます。ベンチャーキャピタルの持株比率が高すぎると、株式公開後、ベンチャーキャピタルは持っている株式を売却するので、株価が急落する可能性があります。

## 資本政策で実施される手段（1）

| | 内　容 | 資本金の増減 | 留意点など |
|---|---|---|---|
| 株式移動 | ・既存株主の持株を他者に譲渡する。 | なし | |
| 株主割当増資 | ・既存株主の持ち株に比例して割り当てる。<br>・持ち株比率は変わらない。 | 増加 | 商法改正以前は額面発行が一般的 |
| 第三者割当増資 | ・増資前の持株比率是正に利用される。 | 増加 | 発行価額は時価による |
| 株式分割 | ・株主からの払込は不要<br>・株主構成は変わらない。 | なし、ただし発行株式数は増加 | 株価水準の調整が主目的 |
| 転換社債（CB） | ・社債権者に一定期間内に予め定められた転換価額で株式に転換できる権利を認めた社債 | 転換時に増加（新規の払込はない） | 転換価額は時価を基準に決定 |
| 新株引受権付き社債（WB） | ・社債権者に一定期間内に予め定められた価格で新株引受の権利を付与した社債 | 権利行使時に増加 | 新株の発行価額は時価を基準に決定 |

注）2002年4月からの改正商法施行により、CB、WBなどは「新株予約権」付き社債となった。

資本政策で取られる手段についてみていきましょう。

株主割当増資は、既存の株主の持株に比例して増加させます。従って、各人の持株比率は変わりません。商法上、有利発行の規制がなく、株主総会の決議によらず取締役会の決議のみで発行することができます。1株あたりの純資産額より低い価格で増資を行うと、増資後の1株当たりの純資産額は減少しますが、株主持分の比率は変化しないので、発行済株式数を増加させる手段としても利用することができます。

第三者割当増資は、従来の持分に関係なく、割り当てる方法です。発行価額については、株主以外の者に対する特に有利な発行価額による増資の場合は、株主総会の特別決議が必要です。税法上も経済的利益として課税されるおそれがあるため、時価で新株を発行することが一般的です。

株式分割は、株主からの払い込みはなく、株式比率も変わりません。時価が

高くなり過ぎた場合は、株式を分割することで、一株当たりの価格を下げることが可能となります。また、議決権確保のために発行済株式数を増加させるための手段としても用いられます。

転換社債とは、社債に将来一定の条件で株式に転換することが出来る権利が付与されたものを指します。新株引受権付き社債とは、社債に新株を引き受ける権利が付随している社債です。こうした社債の所有者は将来、権利を行使することで、株式を所有することができます。

---

### 資本政策で実施される手段（2）

■新株予約権
　あらかじめ決められた一定条件の基で、会社の新株を将来において取得できる権利

■種類株
　利息、配当、残余財産の分配、株式の買受け、利益による株式の消却、株主総会で議決権を行使できる事項、当該種類の株主総会での取締役・監査役の選任等に関して、株式の権利内容の異なる株式を指す。

---

2002年4月の商法の改正によって、新株予約権の新設や種類株式の制度拡充がなされ、資本政策が以前に比べ柔軟にできるようになりました。新株予約権は、予め定められた一定条件の基で、会社の新株を将来において取得できる権利です。会社の株価が上がれば、新株予約権そのものを売却しても利益を得られますし、権利を行使して株式を取得し、それを売却して利益を得ることも可能です。種類株式とは、株式平等原則の例外として、一定の条件の基で権利内容の異なる株式の発行を認めたものです。種類株式には、利益配当や残余財産の分配に関して、他の株式より優先的な内容を持つ優先株式や、株主総会で議決権を行使できない無議決権株式などがあります。会社の資本金が少ない段階

でベンチャーキャピタルから多額の資金調達をすると、オーナーの持株比率が減少し、支配力がなくなる可能性があります。この場合に無議決権株式を発行することで、オーナーは支配力の維持と資金調達を両立させることができます。

## 会社の形態と最低資本金

|  | 株式会社 | 有限会社 | 合名会社 | 合資会社 |
|---|---|---|---|---|
| 最低資本金 | 1,000万円以上 | 300万円以上 | 定めなし | 定めなし |
| 出資者の責任範囲 | 有限責任（出資金の範囲） | 有限責任（出資金の範囲） | 無限責任 | 無限責任と有限責任 |
| 出資者数 | 1名以上 | 1名以上50名まで | 2名以上 | 各1名以上 |
| 持分の譲渡 | 原則自由 | 社員間原則自由 | 社員の承認が必要 | 無限責任社員の承認が必要 |
| 役員数 | 取締役3名以上 監査役1名以上 | 取締役1名以上 監査役・任意 | 全社員 | 無限責任社員 |

　会社組織は上記のような4つの形態があります。株式会社、有限会社には最低でも、それぞれ1,000万円、300万円の資本金が必要です。2003年2月から中小企業挑戦支援法（新事業創出促進法の一部改正）により、経済産業大臣の確認を受けた創業者の設立する株式会社、有限会社に限って、最低資本金を5年間免除する措置が取られています。これによって1円の資本金でも起業が可能になりました。この制度によって2003年6月までに、既に2,000社以上が設立されています。この制度における資本金以外のメリットとしては、特例を利用すれば、有限会社については60万円、株式会社については200万円以下の現物出資については、検査役の検査が不要になることです。但し、実際の会社設立のためには、印紙代や登録免許税など株式会社の場合で30万円程度の費用が必要になります。さらに、会社は設立できても実際の運営には、どんな事業を行うにしても、ある程度の額の元手が必要になります。最低資本金規制の免除は、あくまで起業のきっかけを与えているに過ぎません。

## 持株比率の目安

■株主総会：会社の最高意思決定機関
　①取締役・監査役の選任
　②経営の根幹事項の議決（定款の変更、営業の譲渡・譲受け、など）
■創業者（オーナー）が確保しておく持株比率の目安
　・1／3以上…他の株主が全て一致した場合でも、特別決議を阻止することが可能。
　・1／2以上…自らの力で通常決議が可能。
　・2／3以上…自らの力で特別決議が可能。

　株式会社においては株主総会が会社の最高意志決定機関で、取締役、監査役の選任や定款変更、営業譲渡などの経営の根幹に係わる事項を決定します。株主総会の意思決定には通常決議と特別決議があります。
・通常決議：発行済株式総数の過半数を有する株主が出席し、出席議決権の過半数によります。ただし、通常決議の定足数は定款により引き下げることが可能です。
・特別議会：発行済株式総数の過半数を有する株主が出席し、出席議決権の2／3以上によります。特別決議には、定款変更、営業譲渡・譲受け、会社の解散、取締役の解任（選任は通常決議）などが含まれます。
　従って、創業者（オーナー）が確保しておく持株比率の目安は、1／3以上で他の株主が全て一致した場合でも特別決議を阻止することが可能、1／2以上で自らの力で通常決議が可能、2／3以上で自らの力で特別決議が可能となります。

## 資金調達と株主構成への影響

■第三者への新株発行による資金調達は、経営権を切り売りすること。
　→オーナーにとっては、高い株価で新株発行ができれば経営権持分の譲渡が少なくて済む。
　（例）発行済株式数1,000株、A氏100％所有の企業が、第三者への新株発行により5,000万円の資金調達を予定。
　①新株発行価格が1株当たり5万円の場合、
　　追加発行株式数＝5,000万円÷5万円＝1,000株
　　発行後のA氏の持株比率＝1,000÷（1,000＋1,000）＝50％
　②新株発行価格が1株当たり50万円の場合、
　　追加発行株式数＝5,000万円÷50万円＝100株
　　発行後のA氏の持株比率＝1,000÷（1,000＋100）＝90.9％

それでは簡単な具体例を通して資本政策の影響を見ていきましょう。

ある企業について、A氏が現在、発行済株式数1,000株のすべてを所有しています。事業の拡大にともない新たな資金調達が必要となり、これを新株発行で行おうと考えています。

新株発行が1株当たり5万円の場合、追加発行株式数は5,000万円÷5万円＝1,000株となります。従って、発行後のA氏の持株比率は50％となります。

当社の企業価値が高い場合、例えば、新株発行価格が1株当たり50万円のときは、5,000万円÷50万円＝100株となり、発行後のA氏の持株比率は90.9％となります。発行価格をいくらにできるかが資本政策に大きな影響を与えます。

## 資本政策の具体例（X社）

| 年月 | 種　類 | 株価(円) | 株　数 | 調達金額(円) | 投資家 | オーナーシェア (%) |
|---|---|---|---|---|---|---|
| 2000.1 | 創業 | 1 | 1,000,000 | 1,000,000 | A氏 | 100 |
| 2000.3 | 新株予約権 | 1 | (1,000,000株) |  | A氏 | 100 |
| 2000.8 | 第三者割当 | 10 | 500,000 | 5,000,000 | 役員 | 67 |
| 2001.3 | 第三者割当 | 30 | 500,000 | 15,000,000 | VC　B社 | 50 |
| 2001.5 | 予約権行使 | 1 | 1,000,000 | 1,000,000 | A氏 | 67 |
| 2001.8 | 第三者割当 | 50 | 1,000,000 | 50,000,000 | C社 | 50 |
| 2002.3 | 上場 | 100 | 1,000,000 | 100,000,000 | 一般投資家 | 40 |
| 合　計 |  |  | 5,000,000 | 172,000,000 |  |  |

出所：VEC資本政策実務ガイド等より作成

　もう少し詳しい例として、X社の資本政策をみてみましょう。A氏は大学教授である傍ら、携帯端末のシステムを扱う会社X社を100万円の資本金で起こしました。2000年3月にA氏は新株予約権により潜在株式100万株を確保しました。2000年8月には安定株主作りのために、X社の役員に1株10円で50万株割てています。2001年3月にはA社の製品に興味をもったベンチャーキャピタルB社が1株30円で50万株出資をしました。A氏は2001年5月に新株予約権を行使してオーナーシェアを高めています。このシステムの搭載を検討しているメーカーのC社からも出資の申し出があり、2001年8月には1株50円で50万株の出資が実施されました。その後、製品は完成し、C社を通じて本格的な販売が開始されました。当社の損益は黒字化し、さらなるシステム開発のために多額の資金が必要になったため、2002年3月に株式上場を果たし、1株100円で100万株が公募されました。A氏の持株比率は、ストックオプションを行使しましたが、ベンチャーキャピタル等の出資によって徐々に低下し、株式上場時点では40％となっています。A氏はX社に対して200万円を出資しましたが、A氏持分の株式時価総額は2億円となっているので、十分な創業者利益を得ています。

## 4．ベンチャー企業への融資

#### ベンチャーキャピタルと銀行の視点の違い
■ベンチャーキャピタル：成長性、株式公開の見通し（キャピタルゲイン確保）、配当
　→株式公開すれば投資額の数倍から数十倍の利益になるので、投資先企業のうち2～3割が公開できれば、ほかで損失が出ても十分カバーできる。
■銀行：償還確実性（元本、利息の確実な償還）
　→融資の利幅は極めて薄い、償還不能の時は担保、保証人でカバー。

　ベンチャーキャピタルと銀行の視点の違いについてみていきましょう。
　ベンチャーキャピタルは、投資先の企業が株式を公開して、そのキャピタルゲインを得るのが本来の狙いです。株式公開に至れれば、投資額の数倍から数十倍の利益になるので、投資先企業のうち、2～3割が公開できれば、その他の損失はカバーすることができるのです。従って、投資先の成長が最も重要なポイントになります。
　銀行の融資は一般的に利幅が薄いため、融資した会社が確実に元本、利息を償還することが必要となります。担保や保証を取るのもそのためです。また、急成長したために、資金繰りが苦しくなり倒産に至っては困るので、急激な成長は、かえってリスクとして認識することもあります。
　すべてのベンチャー企業が株式公開に適しているとは限りません。株式公開に適しているのは、成長性が高く大きなリターンが見込める企業が中心です。ミドルリスク・ミドルリターンのベンチャー企業や地域ベンチャー企業（第9章参照）に関しては、ベンチャーキャピタルの資金を入れて上場を急ぐのではなく、自己資金や融資によって成長を図ることが必要な場合も多いのです。

---

### 融資の性格

■経営への関与
　調達タイミング・金額の調整が必要であるが、経営への関与は少ない。
■要返済・金利負担
　決まった期限に返済を要する。
　→自らの返済能力、金利負担能力の把握が不可欠。
■調達に要する作業
　融資者（金融機関）への適切な情報・判断材料提供
　自己分析
　→内部管理体制の整備（人材確保、システム等）
■レバレッジ効果（てこの効果）の活用

---

　融資を受けるということは、その事業からキャッシュフローがきちんと確保されることを金融機関に理解してもらうことです。融資を受けるためには、将来的にも事業の収入が安定していなければなりません。従って、NPOや社会貢献を目的とする多くの組織は、一般的に収入が安定しないため、むしろ融資を受けないで、自己資金の範囲内で事業を進めることが望ましいのです。

　もう1つ融資の持つレバレッジ効果（てこの効果）について触れておきましょう。例えば、10億円の事業を出資3億円、借入7億円で行い、10％の利益が出た場合、利益をすべて出資者に還元すれば、3億円の出資で1億円の利益を得ることになります。次に10億円の事業を10億円の出資で行い、10％利益が出た場合は、1億円の利益を10億円の出資者で分けることになります。比較すると、前者の方が小さな出資額で大きなリターンを得ていることになります。これがレバレッジ効果といわれるものです。レバレッジ効果を活用することによって、少ない投資で大きなリターンを得ることができる反面、借入が増えることで、返済のリスクが高くなります。

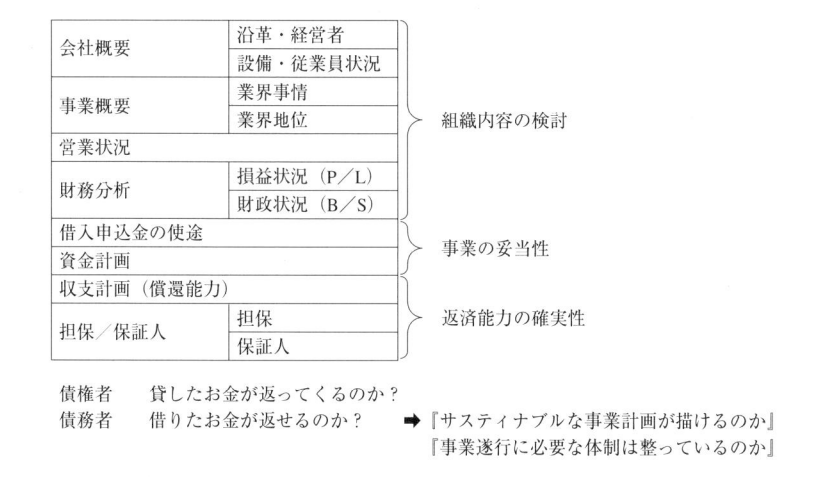

## 金融機関が貸付に際して審査する項目

| 会社概要 | 沿革・経営者 |
|---|---|
|  | 設備・従業員状況 |
| 事業概要 | 業界事情 |
|  | 業界地位 |
| 営業状況 |  |
| 財務分析 | 損益状況（P／L） |
|  | 財政状況（B／S） |

}組織内容の検討

| 借入申込金の使途 |
| 資金計画 |

}事業の妥当性

| 収支計画（償還能力） |
| 担保／保証人 | 担保 |
|  | 保証人 |

}返済能力の確実性

債権者　貸したお金が返ってくるのか？
債務者　借りたお金が返せるのか？　➡　『サスティナブルな事業計画が描けるのか』
　　　　　　　　　　　　　　　　　　　『事業遂行に必要な体制は整っているのか』

　金融機関が貸付に際して、審査する項目は何でしょうか。①組織内容の検討、②事業の妥当性、③返済能力の確実性の3つにまとめることができます。組織内容の検討は、経営者や従業員の資質を見ます。ベンチャー企業の場合、経営者の力量によるところが大きいので、重要なポイントになります。経営者の過去の実績、リーダーシップ、人柄などを総合的に判断します。事業の妥当性は、その事業にどれだけのニーズがあって、当社がどのような戦略を持っているのか、業界の同業他社やマーケットの大小、将来性などを検討して、その事業を実施することが重要であるかどうかを判断します。以上を踏まえ、金融機関は収支計画を見て、貸付金の償還が可能かどうかを分析します。会社の規模、体力、キャッシュフローが償還能力の判断材料となります。キャッシュフローを安定的に確保できない企業は、金融機関から融資を受けることはできません。金融機関は担保や保証人を取ることで償還能力を補強します。ベンチャー企業の場合、土地、建物といった担保を持っていないケースが多いので、金融機関から通常の融資を受けるのは簡単ではありません。

## 知的財産権担保融資

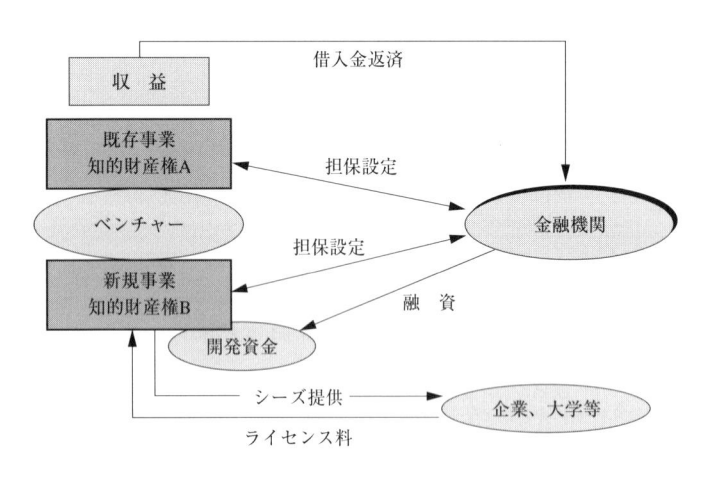

ベンチャー企業は技術評価やリスク評価が難しく、土地、建物などの物的担保もないことが多いことから、金融機関から一般的な融資を受けることは困難でした。日本政策投資銀行は1995年からベンチャー企業が保有している知的所有権を担保として融資を行う制度を始めています。知的所有権は特許権やプログラム著作権などが対象になります。知的所有権をベースとした事業が生み出すキャッシュフローを、現在価値に直して担保の評価を行います。

これ以外にベンチャー企業に対する融資の方法としては、新株予約権付融資があります。新株予約権は2002年4月の商法改正で定義された権利ですが、融資と同時に当該企業より発行される新株予約権を取得することで融資を行う方法です。ベンチャー企業に対する融資はリスクが高く、リスクに見合った金利を取ることが困難です。そこで新株予約権を付けることによって、企業の成長による株式価値の上昇という成功報酬で、収益を補う仕組みをとっています。

# 5. 起業の実際

## 開業費用の現状

■開業費用

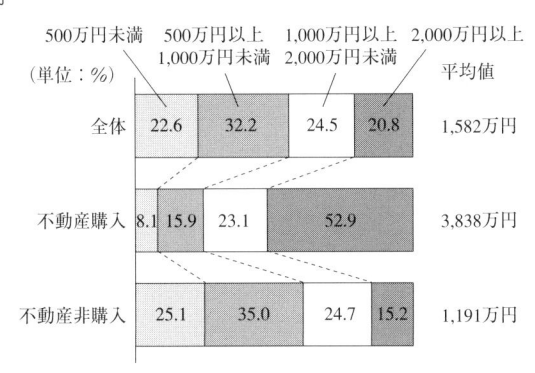

(単位：%)

| | 500万円未満 | 500万円以上1,000万円未満 | 1,000万円以上2,000万円未満 | 2,000万円以上 | 平均値 |
|---|---|---|---|---|---|
| 全体 | 22.6 | 32.2 | 24.5 | 20.8 | 1,582万円 |
| 不動産購入 | 8.1 | 15.9 | 23.1 | 52.9 | 3,838万円 |
| 不動産非購入 | 25.1 | 35.0 | 24.7 | 15.2 | 1,191万円 |

出所：(社) ニュービジネス協議会「独立起業バイブル」掲載の国民生活金融公庫「2001年度新規開業実態調査」

■開業資金に占める自己資金の割合

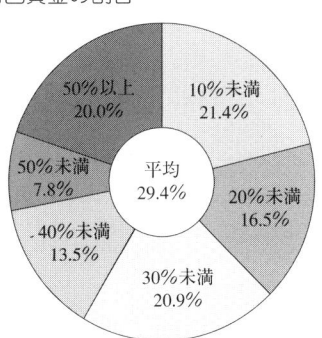

| 区分 | 割合 |
|---|---|
| 10%未満 | 21.4% |
| 20%未満 | 16.5% |
| 30%未満 | 20.9% |
| 40%未満 | 13.5% |
| 50%未満 | 7.8% |
| 50%以上 | 20.0% |
| 平均 | 29.4% |

出所：(社) ニュービジネス協議会「独立起業バイブル」掲載の国民生活金融公庫「2001年度新規開業実態調査」

ベンチャー企業が、開業の際に必要とした金額はどのくらいであったのかをみてみましょう。国民生活金融公庫の調査によれば、開業費用の平均は不動産を購入して事業を始める場合は3,838万円、不動産を購入しない場合は1,191万円、全体の平均は1,582万円という結果になっています。開業資金に占める自己資金の割合をみると、50％以上が全体の2割を占めています。中小企業庁の「2003年版中小企業白書のポイント」によれば、倒産した企業は一時的に資金難を解決する方策に走る傾向が強く、生き残った企業は営業・販売の強化など本来的な事業収益の改善を目指す方策を取る傾向が強い結果となっています。また、創業時と再創業時を比べて見ると、再創業時には親族、友人、協力者など、いわゆるホットマネーによる資金調達を高める傾向があります。身の丈に応じたビジネスから始めようとする考えが、再創業時には強く意識されていると思われます。

## 「ベンチャービジネス」の成功確率

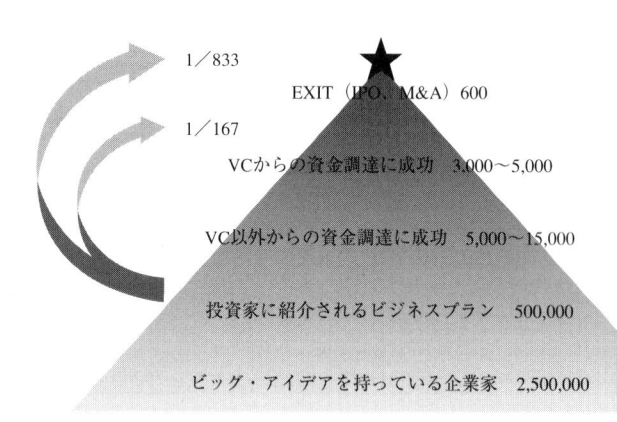

- 1／833　EXIT（IPO、M&A）　600
- 1／167　VCからの資金調達に成功　3,000〜5,000
- VC以外からの資金調達に成功　5,000〜15,000
- 投資家に紹介されるビジネスプラン　500,000
- ビッグ・アイデアを持っている企業家　2,500,000

出所：The Industry Standard, June 12, 2000
「米国におけるインターネット・スタートアップ調査（1994年〜2000年3月）」

よく「ベンチャーは千三つ」といわれます。確かにベンチャー企業が株式公開までたどり着くような大成功をおさめるのは大変です。自分では大発明と思

ってビジネスプランを書き始めても、インターネットなどで少し検索をすれば、同じことを考えている人が日本人だけで4～5人いたというのが常なのです。実際にどれくらいの数のベンチャー企業が成功したかを正確に把握することは難しいのですが、米国における調査によれば、次のような結果となっています。投資家に紹介されたビジネスプランのうち、実際にベンチャーキャピタルから資金調達ができたのは167分の1の確率でした。さらに株式公開または買収までいったケースは833分の1という結果になっています。

## 米国ベンチャー企業の資金調達

|  | ベンチャーキャピタル | 公的資金（NIHのSBIR） | 大手企業とのアライアンス |
|---|---|---|---|
| 平均金額規模 | 1,600万ドル*（2000年第1四半期平均） | 10万ドル（フェーズ1）75万ドル（フェーズ2） | 2,500～5,750万ドル** |
| 投入ステージ | 主にアーリーステージ中・後期。株式公開後にも利用されるケースあり。 | 主にアーリーステージの初期。500人以下の中小企業であれば受給可能。 | 主にアーリーステージの後期と株式公開後。 |
| トレンド | 1990年代前半には伸びが鈍化していたが、90年代後半に入り、伸びを見せ、1999年に急増。 | 1990年代を通じて増加。 | 1990年代を通じて増加。 |

注）*Bio Space発表データによる。
　　**トーラ・パラング氏（Touraj Parang）の推計によるもの。ロイヤルティー料、製造・販売ライセンス料は含まない。
出所：JETRO N.Y.「米国におけるバイオベンチャー企業のアーリーステージファイナンシング調査」（2000年10月）

　上記は米国のバイオベンチャー企業がどのように資金調達を行っているかをまとめたものです。
　日本でよくある誤解に「米国はベンチャーキャピタルが発達しており、ベンチャーキャピタルからの資金調達が容易である」というのがあります。しかし、米国においてもベンチャーキャピタルからの資金調達は容易ではありません。

ベンチャーキャピタルは経営効率の問題で1,000万ドル（約12億円）以下の小額案件はあまり相手にしません。ベンチャーキャピタルが利用できるようになるまでは、さまざまな公的資金を利用します。その1つにSBIR（中小企業イノベーション研究促進制度：Small Business Innovation Research Program）があります。1982年に制定された制度で、農務省、商務省、国防省など10省庁の研究開発予算の一定割合を、中小企業向けに割り振ることを義務づけたもので、二段階に分けて補助金が支給される仕組みになっています。フェイズ1は6カ月間の研究資金として10万ドルまで交付されます。フェイズ1で結果が良い案件に対しては、フェイズ2として実用化のために2年間で75万ドルまでが認められています。公的資金以外では、個人投資家を中心としたエンジェルや大手企業とのアライアンスが重要な手段となっています。特にバイオベンチャー企業の場合は、製薬会社と組んで多額の研究開発資金を確保するケースが多く見られます。

　日本でもベンチャー企業の資金調達について、公的機関の活用は重要です。最近は公的機関も親切になってきており、インターネットのホームページにさまざまなプログラムが詳細に表示されています。また、公的機関が持っている補助金、融資、出資、その他の支援メニューが網羅的に記載されている便利な冊子も出ています。その冊子の表紙には「役所を使おう」と書かれています。まさにその通りで、ベンチャー企業はお金に余裕がないのですから、まずは、なにかを相談するにも無料のサービスを徹底的に利用することを考えるべきです。役所の支援策は最近、充実してきています。さらに、かつては国、県など支援策は別々に行われ、ベンチャー企業はいったい何処に行ってよいのかわからない、あるいはたらい回しにされるという話がよくありましたが、最近は中小創造法などの法律に基づいて、ワンストップ的な支援体制に徐々に近づいています。

## 公的機関の活用

| 産業クラスター計画　四国テクノブリッジ計画 |||
|---|---|---|
| 創業・ベンチャー | 中小企業 | 技術振興 |
| 商業・流通 | 情報化 | 地域振興・産業立地・雇用 |
| 国際化 | 環　境 | エネルギー |

### Topics

■Current News

- 【支援施策】『インターンシップの扉』公開中【1／16更新しました】
- 【お知らせ】四国経済産業局ホームページの「新着情報配信サービス」【新規配信希望を受付中】→お申し込みはこちら
- 【支援施策】四国テクノブリッジ計画の当面の目標と主な活動内容等

■Our Booklet

- 【広報誌】四国経済データ集「四国経済概観（平成16年版）」が発刊！
- 【支援施策】「特許便利帳」の発刊について～産業財産権に関する各種支援策の紹介～
- 【広報誌】小冊子「ポイントチェック 四国経済－知っておきたい四国の主要経済指標－」
- 【支援施策】役所を使おう！～中小企業のための施策必携2003～
- 【広報誌】ものづくり読本「やってみよう！ものづくり」
- 【支援施策】商い中～四国の舞台で活躍する企業の製品紹介マガジン～
- 【支援施策】企業の方が使える公的機関の機械設備一覧
- 【支援施策】「四国情報化ガイドブック」
- 【広報誌】「四国が一番～四国が誇る日本一・世界一～」

### What's New

- 2.13 【統計情報】四国地域の電力需要の動向（平成15年12月）
- 2.12 【説明会】「平成16年度税制改正説明会」の開催について
- 2.12 【支援施策】e-中小企業ネットマガジン（最新情報を追加しました）
- 2.12 【入札情報】「液晶パソコン用フィルター」納入に係る一般競争入札

出所：四国経済産業局ホームページ

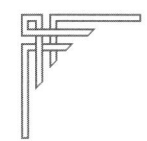

# 第9章　地域ベンチャー企業と金融

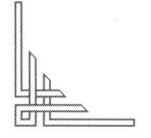

1．地域における金融市場の実態
2．米国の地域金融機関
3．地域金融の新たな動き
4．地域ベンチャーファンド

# 1. 地域における金融市場の実態

### 国内銀行預貸率の推移（三大都市圏）

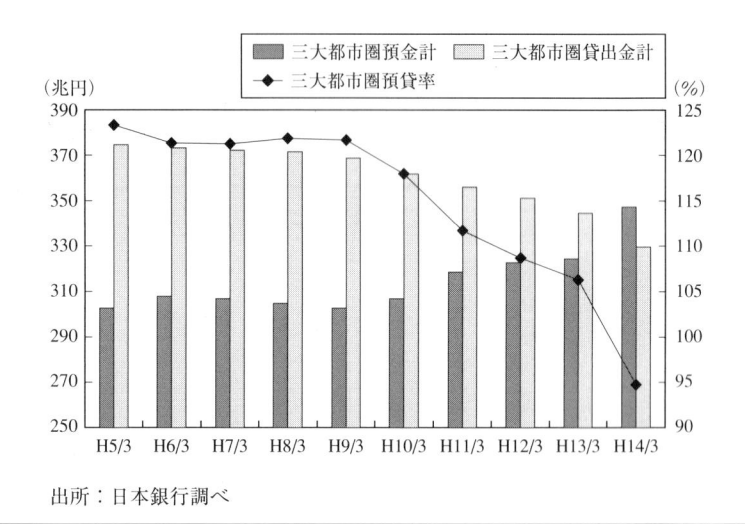

（兆円）　　■ 三大都市圏預金計　　□ 三大都市圏貸出金計
　　　　　　◆ 三大都市圏預貸率　　　　　　　　　　　　（％）

出所：日本銀行調べ

　ベンチャー企業というとハイテクベンチャー企業がまず頭に浮かびますが、地域のコミュニティに根ざした事業を展開する地域ベンチャー企業の実力も決して侮どれません。特に地方圏においてはこうした地域ベンチャー企業が雇用を生み出し、地域振興を図る上で大きな鍵を握っています。

　日本では中央から地方への権限委譲が進められるなかで、行政は地域住民とのパートナーシップを持ち、地域の活性化に向けてコミュニティー・ビジネスをサポートする必要性が生じています。一方、市民の中には地域の特性に着目し、地域ベンチャー企業を創出しようという動きがあります。本章ではこうした地域ベンチャー企業及びそれを支える金融の仕組みについてみていきます。

　まずは地域における金融市場の実態を、全国の預貸率の推移でみましょう。預貸率とは、銀行に預けたお金と、その銀行が地域内に融資をして地域に戻る

お金との比率をとったものです。

　三大都市圏の預貸率の数字は平成14年3月期で95％程度となっています。三大都市圏に住んでいる人が銀行に100円預けたとすると、95円が融資という形で返ってきたことを意味します。時系列で見ると、平成13年3月期まで、三大都市圏の預貸率は100％を越えていました。地方圏からの資金の流入によって、三大都市圏には預けたお金以上に資金が環流していました。

## 国内銀行預貸率の推移（地方圏）

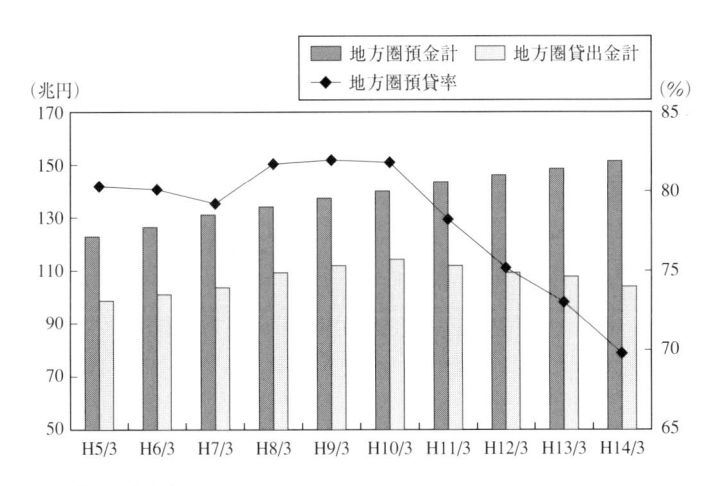

出所：日本銀行調べ

　一方、地方圏の預貸率は平成14年3月期には約70％にまで低下しています。預貸率の低下は、地方圏において資金が還流していない状況を意味しており、地域経済活性化の面からも大きな問題です。地域金融機関にとっては、今後、新たな投融資分野の開拓が必要になっています。一方、地域のベンチャー企業、中堅・中小企業の側からは、従来型の融資だけではなく、新事業育成のための多様なファイナンス・スキームの提供が求められます。こうした状況を解決するための新たなファイナンス・スキームとしては、①金融機関がクレジット・

スコアリング（過去の貸出案件を統計的に処理し、信用リスクを数値化する方法）によって適切な金利を取ることで融資先を拡大するやり方、②融資債権をプールした証券（ローン担保証券）を発行し、金融機関から投資家にリスクを移転することで、金融機関の貸出余力を増大する方法、③取引先などの共同事業者や地域コミュニティは日常的な取引関係を通じて、低いモニタリングコストで事業を評価することが可能であり、こうした特性を利用したコミュニティ・クレジットの手法、④地域ベンチャーファンドによるベンチャー企業向け投資、などが検討されています。一方で、地域金融機関は金融庁から、都市銀行と同様に不良債権の処理、経営の健全化を強く求められています。こうした新たな分野に対する取り組みは、ノウハウが少なく、リスクが高い分野も多いことから一朝一夕にはできません。地域金融機関にとって今は、前門の虎、後門の狼という状況なのです。

## 各金融セクターの位置づけ

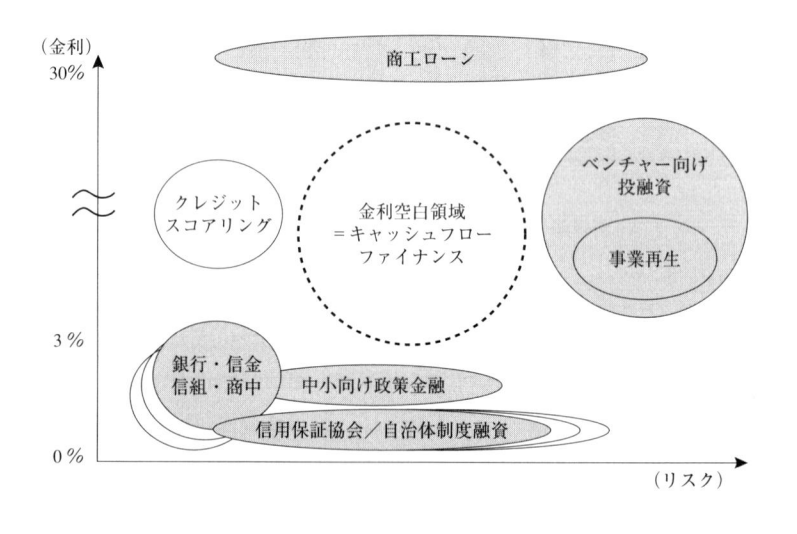

(金利)
- 30% 商工ローン
- クレジットスコアリング
- 金利空白領域＝キャッシュフローファイナンス
- ベンチャー向け投融資
- 事業再生
- 3% 銀行・信金・信組・商中
- 中小向け政策金融
- 信用保証協会／自治体制度融資
- 0%

(リスク)

上図は、縦軸に金利、横軸にリスクをとった図で、日本の各金融セクターがどのような位置づけにあるかをみてみましょう。

銀行・信用金庫などのいわゆる金融機関は、相対的には低い金利のビジネスです。リスク見合いで金利をもらうビジネスですから、取れるリスクも小さくなります。商工ローンは、リスクは高いが、その分金利も高くなっています。県などの自治体、中小企業向けの政策金融機関などは、政策的にリスクに関係なく金利を低くしています。ベンチャー向け投融資は、リスクが高いので、その分高い金利（または出資という形でリターンを求めていく）を要求することになります。事業再生ビジネスもリスクが高いので、その分金利は高くなります。

概観すると、わが国では、ミドルリスク・ミドルリターンの分野に対応した金融商品が少なく、金利空白領域ができていることがわかります。

## 市場の機能が不完全な状況になる要因とは

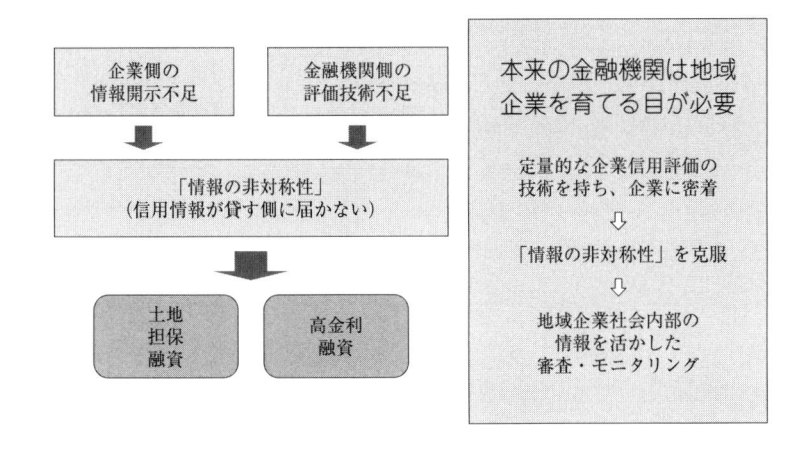

```
┌──────────┐  ┌──────────┐      本来の金融機関は地域
│ 企業側の  │  │金融機関側の│      企業を育てる目が必要
│情報開示不足│  │評価技術不足│
└────┬─────┘  └────┬─────┘      定量的な企業信用評価の
     ↓              ↓            技術を持ち、企業に密着
┌──────────────────────┐              ⇩
│   「情報の非対称性」    │        「情報の非対称性」を克服
│(信用情報が貸す側に届かない)│              ⇩
└──────────┬───────────┘        地域企業社会内部の
           ↓                      情報を活かした
   ┌──────┐  ┌──────┐          審査・モニタリング
   │ 土地 │  │高金利│
   │担保  │  │ 融資 │
   │ 融資 │  └──────┘
   └──────┘
```

各金融セクターは、現在のところ地域企業のさまざまなニーズに対して、十分に答えているとはいえません。こうした市場の機能が完全には発揮されない要因は「情報の非対称性」という考え方で整理することができます。借りたい企業側が、自分が何をしたいのか、自分がどういうポジションにいるのか、財務内容はどうなのか、ということを第三者に対して説明するのは手間がかかります。金融機関側からは、企業側が説明してきた内容が、どれくらいのものな

のか評価できなければ、融資には結びつきません。借りる側、貸す側、両方の情報が一体化していないため、融資ができないのです。無理して融資を行おうとすれば、リスクがわからないまま融資をするために、担保を必要以上に取ったり、非常に高い金利を取ることになります。これは、事前に貸し倒れリスクを折り込んで、それに見合った担保や金利を取るからです。今後、金融機関には情報の非対称性を克服し、地域企業を育てる目が一層求められます。

## 2．米国の地域金融機関

### 米国の地域金融の概要
■間接金融が中心
　・国レベルの企業は直接金融、州レベル以下は間接金融
■小規模な地域金融機関が多数存在（下図）
　・地域銀行（極めて小規模）
　・ノンバンク
　・CDFI（公益目的の新興勢力）
■地域密着型融資の普及
　・地域密着の金融機関が豊富な地域情報を元に審査
　・担保は、簿価ではなく、収益還元法で査定した事業価格で評価→建物担保の普及

米国の商業銀行の数と資金規模～日本との対比～

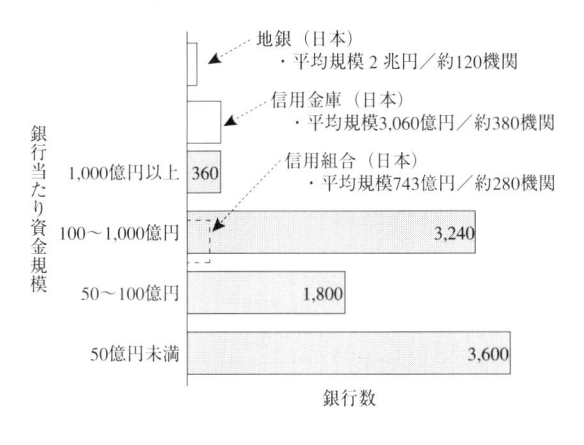

地銀（日本）
・平均規模2兆円／約120機関

信用金庫（日本）
・平均規模3,060億円／約380機関

信用組合（日本）
・平均規模743億円／約280機関

銀行当たり資金規模

| 資金規模 | 銀行数 |
|---|---|
| 1,000億円以上 | 360 |
| 100～1,000億円 | 3,240 |
| 50～100億円 | 1,800 |
| 50億円未満 | 3,600 |

米国の金融といえば直接金融やベンチャーキャピタルといった世界が想像されますが、州レベル以下の地域金融市場は銀行等の間接金融が中心です。米国には資金規模1,000億円未満の小規模な金融機関（Community Banks）が9,000近く存在しています。わが国の信用組合よりも規模の小さい金融機関が米国銀行法の適用を受けて、米国金融界の厳しい競争の中で活動をしています。米国においても地域企業は地域内市場に密着して事業を営んでおり、地域からヒト、カネ、情報といった経営資源を得ることで、地域内発型のビジネスを生み出しているのです。

　米国の地域金融システムは間接金融という点では、わが国の金融システムに近いように思えますが、次の点では大きく異なります。1つは、米国においては土地担保融資ではなく、企業の事業性を定量的に評価することが基準となっています。建物を担保にした融資はありますが、建物の価値は賃料の現在価値で決められています。小さな金融機関であっても、こうした定量評価をある程度きちんとこなしています。もう1つは、米国の地域金融機関は非常に規模が小さく、狭いエリアの企業に密着して情報を取っていることです。日本の信用金庫等の活動をより小さな規模で実施しているのです。

## 米国の地域金融市場

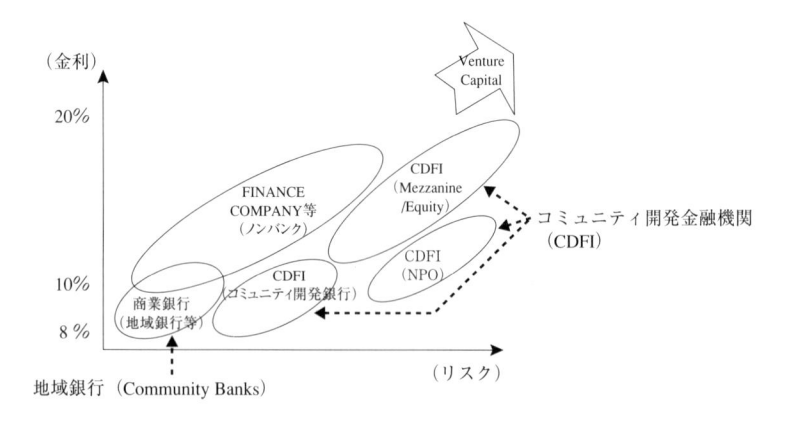

米国の地域金融市場の全体像を金利とリスクのマトリックスでみてみましょう。リスクの低い方から地域金融機関を含む商業銀行、ノンバンク、ベンチャーキャピタルと並んでいますが、依然として中間部分には大きな空白がありました。こうした市場の空白を埋めるものとして登場してきたのが、CDFI（Community Development Financial Institutions）でした。CDFIは銀行法の適用を受けるものや、ノンバンク、NPOなど営業形態はさまざまです。地域において意欲と潜在的な経営能力を有する人材を発掘し、経営技術と事業資金を供給することで、地域ベンチャー企業を含む地域内発型ビジネスの振興を助けています。CDFIは25年ほど前にシカゴで設立されて以来、過去10年の間に全米に急速に広まり、現在では約340機関が運営されています。

---

**CDFI（Community Development Financial Institutions）**

■コミュニティの再生という公益目的を掲げた民間金融機関
　➡形態はさまざま
■地域再生、コミュニティ振興を目指す個人や財団のイニシアティブ、大口出資等で設立。
　➡期待ROEは通常より低い。
■資金の損耗を防ぐきちんとした経営・収益管理
■技術的支援（Technical Assistance）の重視
　➡融資対象の事業性向上、貸出回収率向上

---

CDFIは、以下の点で通常の金融機関とは異なっています。

1つは、地域再生・コミュニティ振興を目指す個人や団体のイニシャティブで設立されていることです。地域において資金を必要とする側が、自ら地域の課題を解決するための手段として設立した金融機関です。

第2に、コミュニティの振興を願う個人や財団が大口出資者となっている

ため、通常の銀行に比べ、配当の水準を下げることができます。自分の住んでいる地域のためになるならば、という意識が強いので、リターンは小さくて済みます。

　第3に、CDFIには公益目的はありますが、資金の損耗を防ぐため、きちんとした経営・収益管理がなされています。

　第4には、融資先への経営ノウハウの提供、人材育成支援によって事業性を向上させ、貸出回収率の向上を図っていることです。技術的支援（Technical Assistance）によってコスト管理、販路開拓などさまざま経営指導を行っています。

## 3．地域金融の新たな動き

### 地域内でお金を回す様々な仕組み
■法律に着目した手法
　　―地域再投資法（米国）
■寄付に着目した手法
　　―コミュニティ・ボンド
　　―地域通貨/コミュニティ・ウェイ
■金融に着目した手法
　　―マイクロ・ファイナンス
　　―ピア・レンディング
　　―オルタナティブ・バンク
　　―コミュニティ・クレジット

　地域内の経済を活性化するためには、地域内でお金の循環を良くすることが必要です。以下では、地域ベンチャー企業の育成を念頭においたものを中心に、さまざまな地域金融の仕組みを紹介します。こうした仕組みには、法律に基づいて半強制的にお金を回すものとして、米国の地域再投資法があります。寄付の要素を取り入れたものとしては、コミュニティ・ボンドや地域通貨、金融のスキームに着目したものとしては、マイクロ・ファイナンス、ピア・レンディング、オルタナティブ・バンク、コミュニティ・クレジットがあげられます。

## 地域再投資法

■地域再投資法(Community Reinvestment Act)
・銀行による低所得者地域及びマイノリティに対する貸出差別(レッドライニング)の撤廃を義務付ける法律。
・金融機関の安全かつ健全な銀行経営維持が大前提。
・各銀行の遵守状況を、監督当局がほぼ2年ごとに、貸出、投資、サービス面から格付し(優、良、要改善、不可)、結果を公開。銀行の店舗新設や合併認可にあたっては、監督当局はこの評価結果を考慮することとなっている。

■歴史
1977年　地域再投資法制立
1989年　CRA格付の公開義務付け(改正)
　　　　クリントン政権下運用強化
1995年　査定項目簡素化：貸出、投資、サービス(改正)
1999年　中小規模金融機関のCRA検査負担軽減(米国金融改革法)

　地域に資金を還元する仕組みの1つは、法律で規制するというやり方です。地域再投資法(Community Reinvestment Act：CRA)は、1977年に米国で成立した法律です。銀行が事業を行う地域で低所得者やマイノリティーに対して、貸出差別が行われないことを目的としています。米国では1960年代から70年代にかけて銀行が低所得者やマイノリティーの居住地域を囲み(レッドライニング)、貸出を制限したことが法律制定の背景にあります。何度かの法改正を経て、現在では個人への貸出だけではなく、小規模事業者や地域振興を目的とした支援・寄付も規制の対象になっています。検査は2年後ごとに行われ、貸出検査、投資検査(地域振興活動への寄付、出資とその効果)、サービス検査が行われます。CRAの果たしている効果に関しては、私企業である銀行に対し過度の法規

制は好ましくないという意見もありますが、低所得者やマイノリティーなどへ資金を供給するという点においては、一定の効果をあげているというのが大方の見方のようです。

---

### コミュニティ・ボンド

　昭和45年自治省のモデル・コミュニティ構想の一環として提唱された制度。市町村がコミュニティ施設を整備する際に必要な事業資金を集めるため、証券を発行し、地域住民に引き受けてもらうもの。
■神戸市長田区円山地区コミュニティセンター建設資金
　総事業費 1 億 5 千万円（用地費 6 千万円、建物建設費 9 千万円）
　コミュニティ・ボンド発行額　3 千万円
　・発行時期：昭和47年 5 月
　・利　　率：年6.5％（当時の国債利率と同じ）
　・償還期限：5 年（一括償還）
　・利　　払：年 1 回
　・地区住民参加率：世帯単位で18.1％
　・1 件平均ボンド購入額：2 万円（ 1 万円以下74％）

---

　コミュニティ・ボンドはコミュニティの発展のために発行され、地域住民が直接、起債を引き受ける地方債を指します。最近増えている住民参加型のミニ公募債は不特定多数を対象にしている点が異なります。コミュニティ・ボンドは昭和45年に自治省のモデル・コミュニティ構想の一環として提唱された制度で、歩行者専用道路、街路樹、公民館、図書館、託児所、体育館など一定の認められた施設に対して発行が可能でした。神戸市の長田地区ではコミュニティセンターを建設する際に、 1 億 5 千万円の事業費のうち、 3 千万円をコミュニティ・ボンドで調達しました。調達レートは長期プライムレート（銀行の優良

企業への貸出金利）や公定歩合よりも低く、住民はリターンというよりは寄付という意識で購入したのです。コミュニティ・ボンドは1970年代に、神戸市以外でも栃木県高根沢市のコミュニティ体育館建設や岩手県山田町のコミュニティプール建設の際にも発行されましたが、案件はこの３件にとどまりました。

## 地域通貨／コミュニティ・ウェイ

■地域通貨（媒体機能）を活用したスキーム

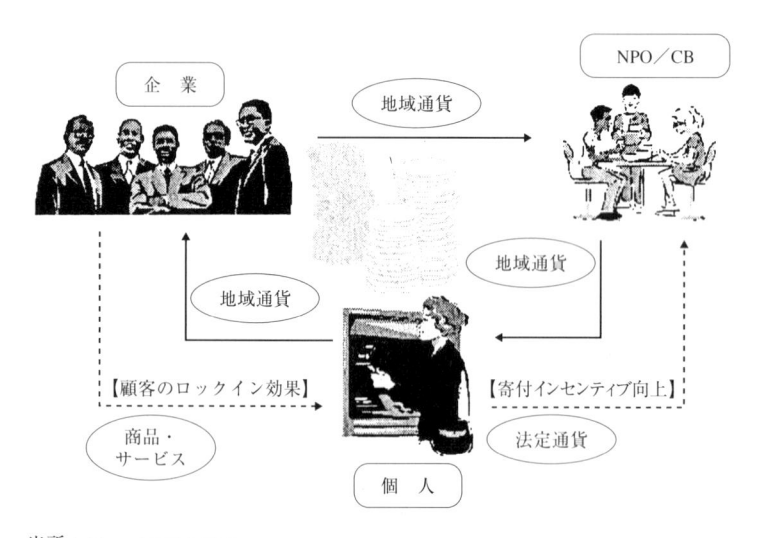

出所：Copyright M. Linton

　地域通貨は、その地域、コミュニティだけで通用する通貨です。地域通貨には、コミュニティビジネスの創出機能、寄付インセンティブの向上、地域内の資本循環の機能があります。コミュニティビジネスの創出機能としては、資金不足の起業家が開業する場合に、資金不足を補うために、地域通貨を支払いにあてるようなケースがあります。寄付インセンティブの向上としては、決定通貨との交換のときに、一定割合がコミュニティ基金に寄付され、それが福祉や

環境、まちづくりに使われる場合です。3つ目の地域内の資本循環は、地域通貨は流通が限定的で外部に資金が流出しないので、地域経済の活性化につながるというものです。

コミュニティ・ウェイという仕組みでは、まず最初に企業がNPOやプロジェクトを支援する場合に地域通貨を寄付します。次に、個人がNPOの活動を支援する場合、寄付を行ったり、ボランティアを行うことで金銭的には見返りはないのですが、替りに地域通貨という形で配当が支払われます。個人はスポンサーになった企業の商品、サービスを購入する場合に、その地域通貨で支払うことができるのです。NPOとしては、地域通貨という形でお札を支払うことができるので、寄付を集めやすくなります。企業側からは、地域通貨の受け取りを表明することで、住民の来店を促すとともに、企業のイメージアップにもつながるメリットがあります。

## マイクロ・ファイナンス

■発展途上国におけるグループレンディングのスキーム

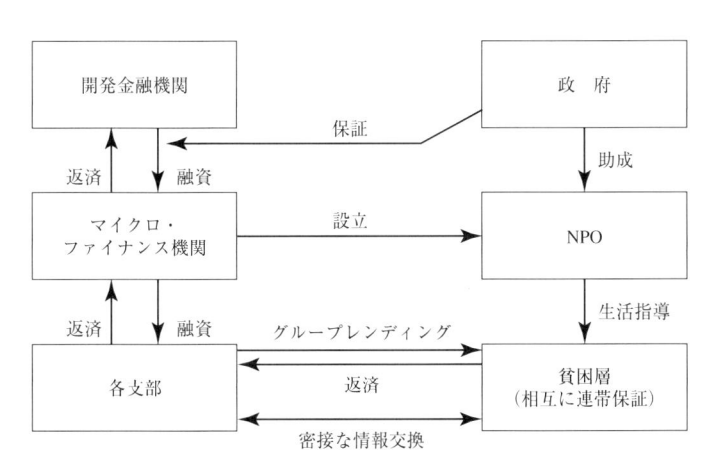

マイクロ・ファインスは、発展途上国で主に社会的弱者に対して融資を行う際に用いられる仕組みです。

　貧困層に融資を行う場合、本当は職業訓練に使う目的で借りたお金を飲食に使ってしまい、当初の目的が果たせないというリスクがあります。マイクロ・ファイナンスを行う機関が、こうしたリスクを1人1人チェックすることは困難です。そこで、間に生活指導を行うNPOを介在させるのです。マイクロ・ファイナンスを行う機関から融資を受ける際には、NPOから生活指導を受けることが条件となります。

　マイクロ・ファイナンスではバングラディシュのグラミンバンクが有名です。バングラディシュ大学のユヌス教授が提案し、1983年にスタートしました。バングラディシュ内に1,000以上の支店があり、会員数は236万人に達しています。グラミンバンクと同様の方法で世界26カ国、71の機関がグラミン・トラストという基金を持って活動を行っています。グラミンバンクの方法は5人1組のグループを作り、融資は5人の内、グループで選んだ2人に実行され、6週間の間、返済が滞りなくできると、他のメンバーも融資を受けることができます。こうしたさまざまな工夫により、グラミンバンクは高い融資の返済率を確保しています。

## ピア・レンディング

■ヴァン・シティ信用組合（カナダ・バンクーバー）
- 1946年設立
- 会員数：28万人、本支店39、スタッフ500名

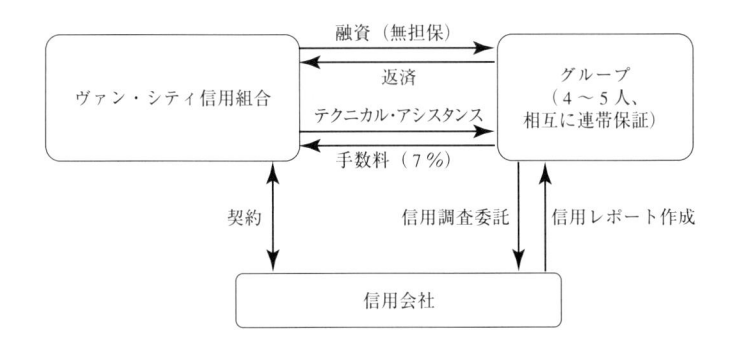

```
                    融資（無担保）
        ┌─────────────────────────────┐
        │         返済                 │
ヴァン・シティ信用組合 ──────────── グループ
        │    テクニカル・アシスタンス      （4〜5人、
        │                         相互に連帯保証）
        │         手数料（7％）
        │                              │
     契約│            信用調査委託      │信用レポート作成
        │              │              │
        └────────── 信用会社 ──────────┘
```

　ピア・レンディングは4、5名のグループに、テクニカル・アシスタンスを受けることを条件に融資を行う仕組みです。テクニカル・アシスタンスの費用は金融機関が負担せず、融資を受ける方が負担します。結果として、手数料込みで考えた負担は重くなりますが、事業者にとっては、事業が成功する確率が高まるメリットがあります。

　ピア・レンディングの例としては、カナダ最大の信用組合であるヴァン・シティ信用組合があります。97年から正式にこのサービスを開始しました。カナダのバンクーバーでは就業人口の98％が自営業者や中小企業であり、新たなビジネスに対する資金供給が不足していました。4〜5人の起業家をグループ化し、プライムレート＋3％で3カ月から1年間融資する制度です。メンバーは相互に連帯保証を行います。金利は通常融資に比べ1％程度高く、7％の手数料も取られます。それでも組合からさまざまなサポートを受けられるほか、メンバー同士が責任感を持つとともに、お互いにアドバイスを与える結果、事業がうまくいく可能性が高くなります。開業率が低下している日本では、こうした身近な仕組みによって、新しいビジネスを育てていくことが重要です。

---

### オルタナティブ・バンク

■オルタナティブ・バンク
　環境保全やコミュニティ開発等、公益増大を目的とした事業に限定し、融資を行う金融機関。趣旨に賛同した人が低利で預金等を行い、それに最低限の事務経費を上乗せした金利で、ローンを供給する。

■トリオドス銀行（オランダ）［環境、高齢者・健康サポート等］
・1968年設立（出資者6,000人）
・総資産規模約680億円、1件平均残高1,500万円

■ショアバンク（アメリカ）［住宅再開発等］
・1973年設立
・総資産規模約180億円、1件平均残高3,600万円

■エコバンク（ドイツ）［環境］
・1988年設立（協同組合方式、2万3,000人の組合員）、2001年営業譲渡
・総資産規模約246億円

出所：日本政策投資銀行『欧州の小さな金融機関にみる地域の公益プロジェクトを実施するための「三方一両得」の発想』

---

　オルタナティブ・バンクとは、「普通とは異なる銀行」を意味し、環境保全やコミュニティ開発などの明確なミッションを持ち、そうした分野に限定して融資を行う金融機関です。同じ業種の事業計画ばかりを審査するので、ノウハウが蓄積され、他の事業計画と比較することで、問題のある点を指摘することができます。借り手側からみても、結果として融資を受けやすくなります。

　オランダのトリオドス銀行は1968年に発足した銀行ですが、通常の銀行とは融資対象が異なり、社会経済（革新的なビジネスなど）、環境部門（太陽熱、風力など）、芸術部門、貧困層などに限定されています。環境部門では小規模な風力発電プロジェクトに投資するウインド・ファンドや、農業地域の家庭用太陽

エネルギーシステムを対象にしたソーラー・インベストメント・ファンドなどを運用しています。こうした投融資対象を限定したオールタナティブ・バンクが、欧米では既に多数設立されており、一定の評価を得ています。日本でオルタナティブ・バンクとしては、女性の起業を支援する市民バンクなどがありますが、本格的な活動はまだこれからです。

---

### コミュニティ・クレジット（1）

■ポイント
・地域企業のコミュニティ自身が借入企業のスクリーニングを行う。
・地域企業が自らリスクを負うことにより、モラルハザードを回避。
・信用調査会社を利用したデューディリジェンス
・ストラクチャー（ポートフォリオ）による信用補完

---

　コミュニティ・クレジットとは、地域社会において互いに信頼関係にある企業等が、相互協力を目的に資金を拠出し合い連携する仕組みです。これによって構成員個々の信用よりも高い信用を創造し、金融機関からの資金調達を円滑化するとともに、地域の資金を地域に環流させるのです。そのスキームには、プロジェクトファイナンス等で用いられる仕組み金融、契約技術、デューディリジェンス（融資対象に対する事前精査）等の新しい金融技術が組み込まれています。

　地域金融においては、金融機関と企業の情報の非対称性が大きくなる傾向にあります。従って、担保や公的機関の信用補完等に依存しない信用の実体に見合った資金調達を、地域企業が行うことは容易ではありません。コミュニティ・クレジットの活用により地域固有の情報を積極的に取り込み、地域企業の新たな取り組みに対する支援を行うことが可能になります。

## コミュニティ・クレジット（2）

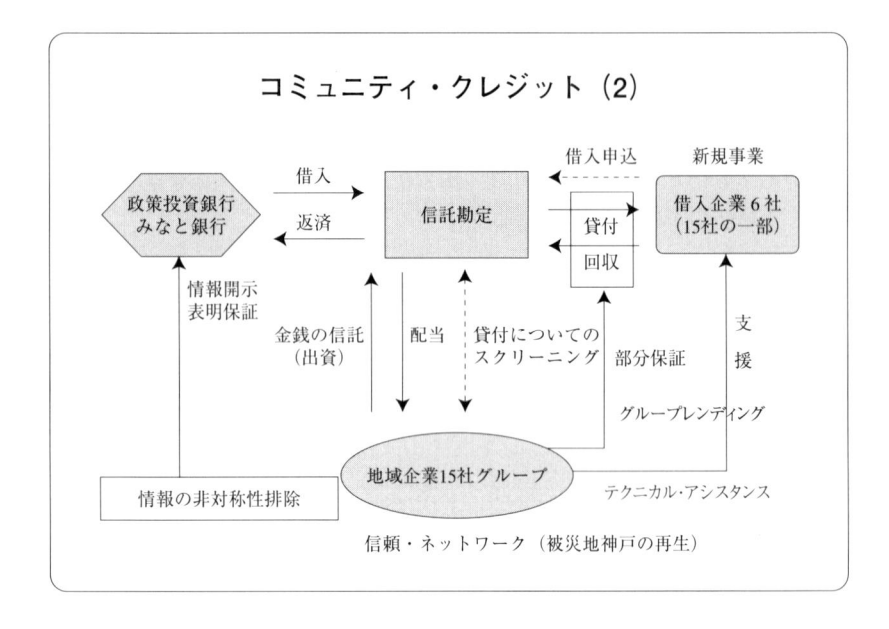

```
政策投資銀行         借入           借入申込     新規事業
みなと銀行      ───────→  信託勘定  ←─────  借入企業6社
              ←───────            貸付    (15社の一部)
               返済                 ──→
                                   回収
  情報開示
  表明保証
              金銭の信託   配当   貸付についての        支援
               （出資）         スクリーニング   部分保証

                                           グループレンディング
  情報の非対称性排除    地域企業15社グループ
                                        テクニカル・アシスタンス

                信頼・ネットワーク（被災地神戸の再生）
```

　上図は、神戸で行われたコミュニティ・クレジットのストラクチャーです。地域企業15社は中小零細企業であるため、1社1社が金融機関からお金を借りるのは簡単ではなく、担保も不足していました。そこで、15社が資金を出し合って、5,000万円を出資しました。金融機関が同額の融資を行い、合計1億円の資金ができます。この15社のうち、6社がこの口座から資金を借り入れて事業を行います。15社は各事業の償還確実性を証明するため、各事業の借入れについて30％の部分保証を行っています。金融機関は不動産等の担保や経営者の保証は取りませんが、コミュニティーの内容やストラクチャーを評価してリスクに応じた金利により融資を行います。

　15社は相互に強い信頼関係があり、銀行に対して6社の情報開示を行い、それが間違いないことを保証しています。さらに、テクニカル・アシスタンスという形で15社は6社に対してアドバイスを行い、情報の非対称性を巧みに排除しているのです。

## 4．地域ベンチャーファンド

### 地域ベンチャーファンドの位置付け

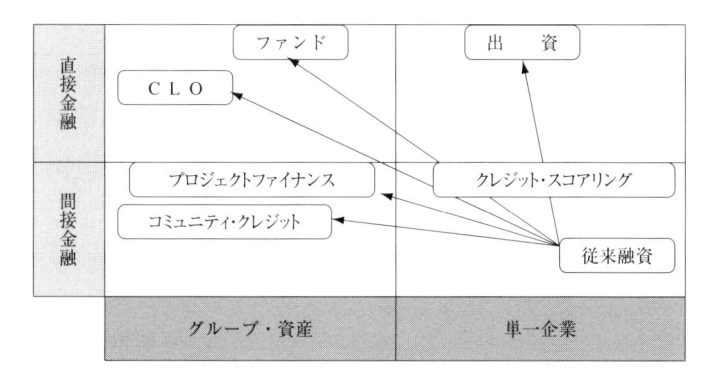

|  | グループ・資産 | 単一企業 |
|---|---|---|
| 直接金融 | ファンド<br>ＣＬＯ | 出　資 |
| 間接金融 | プロジェクトファイナンス<br>コミュニティ・クレジット | クレジット・スコアリング<br>従来融資 |

出所：「新規事業に挑戦する中小企業への資金供給報告書」より作成

　この章の最初で見たように地域のベンチャー企業、中堅・中小企業の側からも多様なファイナンス・スキームの提供が求められています。検討されているスキームの中で、新規事業育成の分野に対する資金供給にはベンチャー投資が大きな役割を果たします。近時、投資地域を限定して複数の企業への投資を行う「地域ベンチャーファンド」が、自治体や地銀を中心に各地で設立されています。地域ベンチャーファンドには、以下の点からも期待が寄せられています。

　①中小創造法の中で進められた各県のベンチャー財団を通じてベンチャー企業へ出資等を行うスキームは、ベンチャー企業の発掘・評価の点で不十分な結果に終りました。これに替わる制度として、地域ベンチャーファンドの活用が検討されています。

　②民間のベンチャーキャピタルはレイターステージに投資が集中しているため、シードやアーリーステージの案件に対する育成機能が十分ではありません。

　③近時、各地域で進められている産業クラスター計画においては、大学等の

研究成果の実用化が求められていますが、このためにはファンドによる育成機能が不可欠となっています。

## 自治体が出資する地域ベンチャーファンド

| 自治体 | ファンド名 | 設立時期 | GP |
|---|---|---|---|
| 広島県 | 広島県／ジャフコ公的投資事業組合他 | 8年12月 | ㈱ジャフコ他 |
| | 第2号投資事業有限組合 | 14年2月 | ヒロソーコンサルティング㈱ |
| | | | ひろぎんキャピタル㈱ |
| 東京都 | 東京中小企業投資事業有限責任組合 | 12年1月 | 東京中小企業育成㈱ |
| | ジャイク・バイオ壱号投資事業有限責任組合 | 13年5月 | 日本アジア投資㈱ |
| 石川県 | 石川県ベンチャー育成投資事業有限責任組合 | 13年2月 | フューチャーベンチャーキャピタル㈱ |
| 長崎県 | 十八キャピタル投資事業有限責任組合長崎1号 | 13年8月 | 十八キャピタル㈱ |
| | しんわベンチャーキャピタル企業育成ファンド長崎1号投資事業有限責任組合 | 13年8月 | しんわベンチャーキャピタル㈱ |
| 岩手県 | いわてベンチャー育成投資事業有限責任組合 | 14年4月 | フューチャーベンチャーキャピタル㈱ |
| 鳥取県 | とっとり産業育成投資事業有限責任組合一号 | 14年4月 | とっとりキャピタル㈱ |
| | トニー2002投資事業有限責任組合 | 14年4月 | ごうぎんキャピタル㈱ |
| 北海道 | ホワイトスノー・第二号投資事業有限責任組合 | 14年5月 | 北海道ベンチャーキャピタル㈱ |
| 大分県 | 大分VCプラムファンド投資事業有限責任組合 | 14年5月 | 大分ベンチャーキャピタル㈱ |
| 新潟県 | にいがた産業創造ファンド | 15年1月 | 日本ベンチャーキャピタル㈱ |
| 千葉県 | ちばベンチャー投資事業有限責任組合 | 15年3月 | ちばぎんキャピタル㈱ |
| 宮城県 | あおばサクセス壱号投資事業有限責任組合 | 15年3月 | 日本アジア投資㈱ |
| 秋田県 | あきたアカデミーベンチャーファンド | 15年10月 | ㈱パシフィック・リム・ベンチャーズ |
| 仙台市 | 東北産学官連携ファンド（仮） | 15年度末（予定） | 東北イノベーションキャピタル㈱ |

1998年に施行された投資有限責任組合法によって、ベンチャー企業向けファンドの設立が容易になりました。政府の機関である中小企業総合事業団等のファンドへの出資制度が整備されたことも追い風になって、全国的に自治体を中心としたベンチャーファンドの設立が続いています。ファンドを設立した自治体は既に10を超え、それ以外の多くの自治体でも検討が進んでいます。投資エリアを自治体内に限定しているファンドがほとんどですが、東京、石川、岩手は自治体以外への投資も認めています。投資期間は10年間、ステージはアーリーステージからレイターステージまで幅広く投資を行うものが大半です。アー

## 地銀によるベンチャーファンドの設立

| 銀　行 | 概　　　要 |
| --- | --- |
| 北洋銀行<br>(札幌市) | 1999年に北洋銀行の10億円を中心に11億円で「道民ファンド1号」を設立。 |
| 西日本銀行<br>(福岡市) | 2000年4月に子会社と10億円のファンドを設立。 |
| 大垣共立銀行<br>(大垣市) | 産学官で「共立ベンチャーサポートセンター」を設置。ベンチャー企業をバックアップするための5千万円のファンドを設立。 |
| 南都銀行<br>(奈良市) | 2001年4月、5億円の「元気企業投資事業有限責任組合」を設立。うちオリックスグループが1億円を出資、技術の目利きは三菱総研に委託している。 |
| 京都銀行<br>(京都市) | 2000年4月にエヌ・アイ・エフベンチャーズと10億円規模で、2001年5月には日本アジア投資と5億円規模でそれぞれファンドを設立。 |
| 百十四銀行<br>(高松市) | 2003年1月に百十四リースなどとファンドを設立（ファンド規模　5億1千万円）。 |
| 香川銀行<br>(高松市) | 2003年3月に香川銀キャピタル、中小企業総合事業団、地元企業等17社で5億円規模のファンドを設立。 |
| 伊予銀行<br>(松山市) | 2003年7月に5億円規模のファンドを設立。 |
| 信金中央金庫<br>(東京都) | 2001年6月に信金キャピタルを設立し、9月には全国60の信用金庫と70億円のファンドを設立。 |

出所：金融ジャーナル　濱田研究室作成資料に加筆

リーステージを中心に投資を行う方針のファンドもありますが、実際の投資先はレーターステージも含まれており、大きな差はありません。ファンドの金額は、管理費などの固定費の問題や地域で投資できる案件数の関係で、10億円規模が中心です。自治体の出資比率は10％から高いもので50％と幅があります。

　地銀は元来、地域密着を謳っていましたが、一部の地銀においては、バブル期に都市銀行の後追いや不動産融資へ傾斜していきました。バブル崩壊以降、地域密着路線に戻り、具体的な方策の1つとして、地元のベンチャー企業への投融資に注力しています。地銀によるベンチャーファンド設立は、そうした動きの一環として捉えることができます。また、日興キャピタルや大和証券系のエヌ・アイ・エフベンチャーズといった大手ベンチャーキャピタルも地銀と連携して、地域ベンチャーファンドの設立を進めています。

## 地域ベンチャーファンドの位置付け

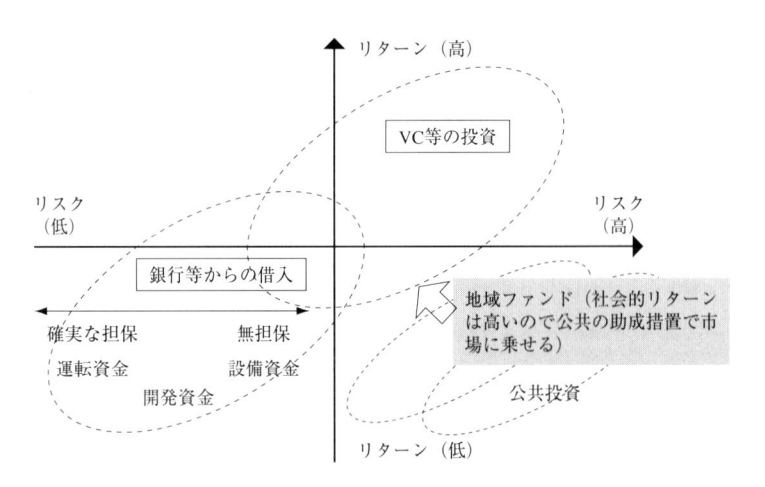

（図：リスク（低～高）を横軸、リターン（低～高）を縦軸にとり、VC等の投資、銀行等からの借入、地域ファンド（社会的リターンは高いので公共の助成措置で市場に乗せる）、公共投資の位置付けを示す。確実な担保／無担保、運転資金／設備資金、開発資金）

　地域ベンチャーファンドは地域におけるノウハウ蓄積や地域経済の活性化などの役割がある一方、地域限定や投資対象業種など、さまざまな縛りがあることから、ミドルリスク・ローリターンのような性格のファンドが組成される可能性が非常に高いのです。もちろんファンドのコンセプトとして地域経済効果

なども加味して、ミドルリスク・ローリターンであることを容認する部分もあるかもしれません。しかしながら、ファンド運営が安易な方向に流れないためにも、できる限り経済的に成り立つ形のファンドに近づけることが望ましいのです。そのために各自治体は、GPの管理費の一部補助や地銀などのネットワークを活用した案件の発掘支援、さらには他の制度を併用することによって、投資案件の支援を行うことにより、ファンドを経済的にもフィージブルな範囲に引っ張りあげる必要があります。

これと並行して自治体は①起業家マインドの醸成、②ビジネスプラン作成支援、③ビジネスプラン評価機関の設立、④他の出融資制度の整備、⑤インキュベーション施設の充実などの周辺環境を整備することによって、地域に主体的・積極的に投資ができるシステムを作ることが重要です。

---

### 地域ベンチャーファンドの課題

実効性のある地域ベンチャーファンド設立のためには、以下の対応が重要
①ファンドのコンセプトの確定
②シーズの確保
③ファンドの運営はGPと自治体の緊張感が大切
④地域によっては柔軟な仕組みづくりが重要

---

現在までに各地で設立された地域ベンチャーファンドは、当初の十分な設計が行われないで設立したケースが多く、投資先が見つけられないなどの問題点が出ています。今後、実効性のあるファンドを設立するためには、自治体による支援以外にも、以下のような対応が求められます。

①ファンドが経済的に成り立つためには、リスクとリターンが見合う必要がありますが、地域ベンチャーファンドの場合、この大原則が十分認識されない

でスタートするケースが多いのです。地域ベンチャーファンドのリターンは、金銭上の収益に限らず、地域におけるノウハウの蓄積や企業誘致、人材育成さらには雇用効果など幅広く考慮することが可能です。しかし、この点を考慮しても、ファンドのコンセプトを明確にしてスタートすることが重要です。

②スタート段階で具体的なシーズ（投資先）の見通しがある程度立っていること、「先にファンドありきではなく、先にシーズありき」の考え方が必要です。

③ファンドの成否はGPの頑張りにかかっています。当該ファンドの運営に専念でき、ファンド期間終了までファンド運営に懸念のないGPを選択することが不可欠です。GPの報酬に関しても、成功報酬部分を多くすることでインセンティブを高め、自治体等が投資後も適切にモニタリングを行うなど、GPとの緊張関係を保つことが大切です。

④シードやアーリーステージの案件の場合、融資での対応は難しいですが、ミドルからレーターステージの案件の場合は、出資よりも金融機関の融資に伴うモニタリング機能を活かした方が良いケースも考えられます。投資候補案件の少ない地域においては、コミュニティ・クレジットなど多様な資金供給機能の創設（地域金融プラットフォーム）がより効果的といえます。最初からファンドありきではなく、地域の目指す方向によって柔軟な仕組み作りが重要なのです。

# あとがき

　本書　『ベンチャー育成論入門』は香川大学経済学部において実施された特別講義を基に執筆されたものです。講義の後にアンケートをとり学生、院生、社会人の方の興味をもたれた箇所、疑問に思われた箇所をチェックし、本書になるべく反映させることにしました。こうした方のベンチャー育成や起業家マインドの醸成に微力でもお役に立てれば幸いです。特別講義は以下の方々に御協力をいただきました。この場をお借りして御礼を申し上げます。

| | |
|---|---|
| 楽　　　天㈱ | 畑　　皓二監査役 |
| サイボウズ㈱ | 高須　賀宣社長 |
| ㈱フォー・ユー | 新谷　幸由社長 |
| 山口大学 | 向山　尚志教授 |
| 四国経済産業局 | 坂井　照明新規事業課長 |
| 新規事業投資㈱ | 堀浩　第二部課長 |
| 日本政策投資銀行 | 野田　健太郎 |
| | 島　　裕課長 |
| | 藻谷　浩介参事役 |
| | 服部　統幾調査役 |
| | 野村　優 |

　本書の執筆・編集は日本政策投資銀行四国支店の野田健太郎、野村優、高橋通典が行いました。香川大学において特別講義を設けてくださった香川大学経済学部の井原理代学部長、松岡久美助教授、執筆・編集にあたって、いろいろなアドバイスを頂いた堀野郷前四国支店長、石井吉春四国支店長、袖田賢二次長に大変御世話になりました。改めて、感謝申し上げます。

■参考文献
- ベンチャー企業（松田修一、日経文庫　2001年）
- ベンチャー・中小企業優位の時代（清成忠男　東洋経済　1997年）
- ベンチャー起業と投資の実際知識（小野正人、東洋経済新報社　1997年）
- シリコンバレー・モデル（今井賢一他　NTT出版　1995年）
- シリコンバレー・ウェーブ（加藤敏春　NTT出版　1997年）
- ベンチャー支援政策ガイド（石黒憲彦　日経BP社　2002年）
- アメリカの産学連携（宮田由紀夫　東洋経済新聞社　2002年）
- マーケティング戦略（和田充夫、恩蔵直人、三浦俊彦　有斐閣アルマ　2002年）
- なぜ新規事業は成功しないのか（大江建　日本経済新聞社　2002年）
- よくわかる知的財産権（藤川義人　日本実業出版社　2003年）
- よくわかる知的財産権問題（藤野仁三　日刊工業新聞社　2003年）
- コミュニティー・ビジネス戦略（藤江俊彦　第一法規　2002年）
- 米国のコミュニティ銀行（由里宗之　ミネルヴァ書房　2000年）
- 競争優位の戦略（M.E.ポーター　ダイヤモンド社　1985年）
- マーケティング原理（フィリップ・コトラー　ダイヤモンド社　1995年）
- MBAのマーケティング（D.マーフィー　日本経済新聞社　1997年）
- マーケティング戦略論（ドーン・イアコビッチ　ダイヤモンド社　2001年）
- MBAエッセンシャルズマーケティング（バールク・ビジネス・コンサルティング　東洋経済新報社　2003年）
- 特許出願技術動向調査報告　特許庁　平成15年4月
- ベンチャー企業に関する国内外の直接金融（投資）環境状況調査報告書（中小企業総合事業団　2002年2月）
- VEC　資本政策実務ガイド
- 「平成14年度大学発ベンチャーに関する基礎調査」経済産業省大学連携推進課　2003年5月9日
- 信金中金月報　地域における新産業創出・産学官連携・クラスター政策の実際　2002.10増刊号
- ABCマガジン　変わるか日本のベンチャーキャピタル　早稲田大学大学院アジア太平洋研究所岩村研究室
- ASIA-LiNKS　シリコンバレーはつくれるか（谷川徹）
- シリコンバレーの現状　JETRO San Francisco　2002年3月21日
- なるほど地域通貨　www.i-shimin.net
- ワールドエコレポート　www.goodbankers.co.jp
- 地域経済に根ざした起業支援「ピアレンディング」www.pangea.co.jp

- 金融業における環境配慮行動に関する調査研究報告書　環境省　平成14年3月
- アジアの都市インフォーマルセクターの現状とその可能性　www.pweb.sophia.ac.jp
- 日経研月報　2001年4月号　ビジネスインキュベータとしての米国の大学
- ビジネスプランニングの基礎　日本政策投資銀行北海道支店　平成13年7月
- DB Journal 6号　地域コミュニティにおける新たな潮流
- 日本政策投資銀行　Policy Planning Note13　地域通貨―コミュニティー・ファイナンスとの連携を探る　2002年11月28日
- コミュニティクレジット　地域経済に血を通わす新たな信用創造の実験　日本政策投資銀行　地域企画部
- IT時事情報　起業家を支援しハイテク・クラスター形成に貢献　UCSD CONNECT
- 日本政策投資銀行　ワシントン駐在員事務所報告「シリコンヒルズ　オースティンの発展戦略」2000年10月
- 日本政策投資銀行　ニューヨーク駐在員事務所報告「米国のハイテク産業創造システム」2001年7月
- 日本政策投資銀行　ロスアンジェルス駐在員事務所報告「大学教育における起業家養成プログラム」1999年5月
- 日本政策投資銀行　ロスアンジェルス駐在員事務所報告「大学によるベンチャービジネスと地域開発」2000年9月
- 日本政策投資銀行　ロスアンジェルス駐在員事務所報告「スタンフォード大学の巨大なイノベーションシステム」2001年10月
- 日本政策投資銀行　ロスアンジェルス駐在員事務所報告「ユタ大学発ベンチャー創出による地域経済発展戦略」2001年11月
- 日本政策投資銀行　ロスアンジェルス駐在員事務所報告「米国ベイエリアに見られるバイオクラスター形成のための新たな取り組み」2002年3月
- 日本政策投資銀行四国支店「PFIの基礎」平成14年10月
- 日本政策投資銀行四国支店「地域ベンチャーファンドの現状と課題」平成15年3月

■編著者紹介

野田　健太郎（のだ　けんたろう）

　　昭和37年　神奈川県生まれ
　　昭和61年　慶應義塾大学法学部卒　同年日本開発銀行（現日本政策投資銀行）入行
　　産業技術部調査役、ロスアンジェルス事務所次席駐在員を経て平成14年4月より四国支店企画調査課長
　　証券アナリスト、宅地建物取引主任者
　　主な論文として
　　「スタンフォード大学の巨大なイノベーションシステム」
　　「米国ベイエリアに見られるバイオクラスター形成のための新たな取り組み」
　　「地域ベンチャーファンドの現状と課題」がある。

■執筆者

　日本政策投資銀行四国支店
　野村　優　（のむら　まさる）
　高橋　通典　（たかはし　みちのり）

# ベンチャー育成論入門
— 起業家マインドの醸成に向けて —

2004年4月20日　初版第1刷発行

■編著者——野田健太郎
■発行者——佐藤　守
■発行所——株式会社大学教育出版
　　　　　〒700-0953　岡山市西市855-4
　　　　　電話(086)244-1268代　FAX(086)246-0294
■印刷所——互恵印刷㈱
■製本所——㈲笠松製本所
■装　丁——ティーボーンデザイン事務所

Ⓒ Kentaro Noda 2004, Printed in Japan
検印省略　　落丁・乱丁本はお取り替えいたします。
無断で本書の一部または全部を複写・複製することは禁じられています。

ISBN4-88730-564-8